歴史文化ライブラリー

584

戦国期小田原城の正体

「難攻不落」と呼ばれる理由

佐々木健策

吉川弘文館

目次

なぜ小田原城は「難攻不落」と言われるのか？——プロローグ

独眼竜政宗、言葉を失う

天正一九年（一五九一）閏《うるう》一月一六日、東北の雄・伊達政宗《だてまさむね》は上洛の途上で小田原城を見聞した。その際、「北条ノ遺城等御一覧アリ」として語った感想が、『貞山治家記録《ていざんじけきろく》』の翌一七日の条に記されている。

小田原昨日残所ナク見物セラル、欺ル要害普請ノ体、言句ヲ絶シ玉フ、（中略）、去トテハ箇様ノ要害俵粮兵具ノ庫蔵際限ナク、何事ニモ不足無シテ、無体ニ果ラル事是非ナシ、其身共ニ見セタルニ於テハ、驚嘆スヘキ事ノミナリ

政宗が言うには、昨日小田原城を隅々まで見聞したが、その要害《ようがい》ぶりは言葉を失うほどであった。兵粮《ひょうろう》・兵具の蔵も十分で、何事にも不足はない。それでも戦に敗れてしまったのは仕方のないことである。自分はこの様子を見て、その威容に驚嘆するばかりであっ

た。とのことである。小田原合戦終結からおよそ七ヶ月、独眼竜政宗をして言葉を失わせるほどの小田原城の姿がそこにあった。

小田原城は、天正一八年（一五九〇）、豊臣秀吉《とよとみひでよし》率いる軍勢を相手に籠城戦を展開したことで有名である。この戦いでは敗れるものの、小田原城には永禄四年（一五六一）には越後の龍・長尾景虎《ながおかげとら》（後の上杉謙信。以後、呼称は上杉謙信に統一）、同一二年（一五六九）には甲斐の虎・武田信玄《たけだしんげん》の攻撃を退けた実績があり、秀吉と相対する時には周囲九㎞に及ぶ堀と土塁で構築した総構《そうがまえ》（大構）で城と城下を囲んだ日本屈指の大城郭であった。

秀吉も小田原城の堅固さを認識しており、秀吉自身「ほしころしニ申つけ可候間、としをとり可申候」と述べているように、小田原合戦は兵糧攻めを基本とした長陣覚悟の戦であった。秀吉にこのような攻城方針を決意させた背景に、小田原城の堅固さがあったことは想像に難くない。その上で、秀吉は「御人数之内一人成共、手負死人有之者、如何与被加御思惟」とも述べているように、被害を出すことなく勝利することを基本方針としていた。そのため、小田原合戦では目立った決戦は行われることなく終戦を迎え、小田原城は大きな疵《きず》をこうむることなく開城することとなった。

したがって、合戦後も小田原城は健在であり、その姿を見聞した政宗の感想が先に引用した『貞山治家記録』の記述である。そこには政宗をも唸らせた戦国期最大・最強、「難攻不落」の堅城として名高い小田原城の姿があった。

戦国期に関東に覇を唱えた小田原北条氏《ほうじょう》（以下、北条氏）の本拠小田原城は、小田原合戦翌年の時点でも政宗が見聞できるような姿で存在したのである。新しく関東の主となった徳川氏の下で、江戸の西を守る要の城としての役割が期待されていたのである。こうして小田原城は、江戸時代を迎えることとなる。

その後の小田原城

しかし、寛永一〇年（一六三三）一月二一日にマグニチュード七を超える寛永小田原大地震が発災し、小田原城は甚大な被害を受けることとなった。

翌寛永一一年には、三代将軍徳川家光《とくがわいえみつ》が上洛の際に小田原城に宿泊することが決定していたため、小田原城の復旧には幕府公金が投入され、石垣に白亜の土壁・瓦葺きを有し、関東地方では異例の天守を備えた小田原城の姿が成立する。これにより、現在国史跡に指定される近世小田原城の姿が完成したのである。

寛永小田原大地震では、戦国期に関東の首府として栄えた小田原の町も大きな被害を受けた。この地震を期に、戦国期以来の城下町も失われてしまったのである。現在確認できる小田原城の姿、城下町の面影は、寛永一〇年の震災以降の姿であり、現在行われている史跡整備も近世小田原城の姿を取り戻すことを基本方針として進められている（図1）。

図1　昭和35年に復興し，平成28年にリニューアルした小田原城天守閣

つまり、現在の小田原城の姿とは、戦国期小田原城とは異なるものであり、「小田原城」との呼称や場所は同じであっても、実際には全く別の城郭なのである。

では、戦国大名北条氏が、豊臣秀吉率いる二二万（小田原城攻囲軍は約一六万）の軍勢を迎え撃った小田原城とはどのような城郭であったのだろうか。また、関東の首府として栄えた小田原の町とはどのような町であったのだろうか。

そして、なぜ小田原城には「難攻不落」との形容詞が付されるのか。

三勝四敗で負け越し

二次史料（この場合、後世に成立した史料）にはなるが、寛永一八年（一六四二）には存在が確認できる『北条五代記《ほうじょうごだいき》』には、「此城堅固にかまへ広大」とあり、堅固にして広大な小田原城の姿が記され、享保一一年（一七二六）成立の『関八州古戦録《かんはっしゅうこせんろく》』には、「要害誠に随分の地」であると、要害として優れていたことが記されている。

しかし、実際にどのような城郭であったのかが確認できる一次史料（当時の記録）はとても少ない。詳細は後述するが、天文二〇年（一五五一）に記された『明叔録《みんしゅくろく》』には、「太守塁、喬木森ゝ、高館巨麗、三方有大池焉、池水湛ゝ、浅深不可量也」と、太守（北条氏康）の館には高木が生い茂り、城郭は巨麗にして三方を大池に囲まれていて、大池の深さは測りかねる、との様子が記されている。三方を大池で囲まれ、巨麗と評された「高館」は、小田原城を指すと見て間違いないであろう。これが数少ない一次史料上で確認できる小田原城の姿である。

そのような小田原城ではあるが、史料からは明応五年（一四九六）に山内《やまのうち》上杉氏、文亀元年（一五〇一）までに伊勢宗瑞《いせそうずい》（いわゆる北条早雲、以後本文中での呼称は引用を除き、伊勢宗瑞に統一）、天正一八年（一五九〇）には豊臣秀吉により、落城あるいは自落、開城となっている様子が確認できる。そのため三敗。他にも、文明一〇年（一四七八）頃に大《お》森《もり》伊豆守から大森氏頼《うじより》への城主交代劇が行われた可能性があり、そこでも小田原城の落城が想定できるため、四敗。一方の勝利は、前述の上杉謙信《うえすぎけんしん》・武田信玄の小田原城攻めを撃退したとみれば二勝。他に、永正七年（一五一〇）に扇谷上杉《おうぎがやつ》朝良《ともよし》が小田原城間際まで攻め寄せている事例が確認できるが、これは撃退しているとみて三勝。これで通算三勝四敗となり、ひとつの負け越し。史料上確認できる事象での星取り表ではあるが、どうやら「難攻不落」との肩書きが適切な城郭とは言えないようである。

「難攻不落」

「難攻不落」とは、『広辞苑』（岩波書店刊行）には「攻めにくく容易に陥落しないこと。また、なかなか思い通りにならないこと」、『大辞林』（三省堂刊行）には「攻撃するのがむずかしく、たやすく陥落しないこと。承知させるのが困難なこと」。『日本国語大辞典』（小学館刊行）には「攻撃するのが困難で、容易に陥落しないこと」と解説されている。その他の辞典類を引いてもほぼ同様の記載となっている。

実は、そのような「難攻不落」が、実際に小田原城に対して用いられるようになったのは古い話ではない。そもそも、「難攻不落」との用語も比較的新しい言葉のようで、前出『日本国語大辞典』では、その初出を明治三年（一八七〇）一二月九日付け報知新聞の「元来旅順の難攻不落と称せられたるは」との記事としている。また、『日本語源広辞典』（ミネルヴァ書房刊行）には「日本語の軍記の、『攻むるに難く、落ちず』が語源です」とある。『日葡辞書《にっぽじしょ》』や『国史大辞典』（吉川弘文館刊行）には「難攻不落」の記載がないところをみると、やはり新しい用語なのであろう。

小田原城に対しても、江戸時代には前述のような「要害（『貞山治家記録』『関八州古戦録』）」「堅固（『北条五代記』）」との用語が用いられている。『広辞苑』によれば「要害」は「地勢がけわしく、敵を防ぎ味方を守るのに便利な地。とりで。城塞。」とあり、「堅固」は「物のかたくしっかりしていること。転じて、心がしっかり定まって動かないこと。」とある。辞典によっては「難攻不落」「要害堅固」を同義語として掲載するものもあるが、それぞれの用語の意味合いからみると、「難攻不落」の「攻めにくく容易に陥落しないこと」よりも、「要害」という立地、「堅固」という堅く定まっている様子を示す「要害堅固」の方が、小田原城を形容するには適しているように思われる。

それでも「難攻不落」との用語が用いられている背景には、現代社会において「思い通りにならないこと」との意味をもって、「難攻不落」の方が使用機会が多い四字熟語であることが原因ではないかと想像する。そして、「思い通りにならないこと」との意からは、物理的な側面よりも精神的な困難さを感じるのは現代の感覚であろうか。「要害堅固」が物理的な印象を受けるのに対し、「難攻不落」には何やら心性な面があるように思われる。いずれにしても、最近では小田原城を語る際に「難攻不落」との形容詞が用いられることは多く、もはや良く似合っている。

小田原城は「難攻不落」なのか？

では、三勝四敗の小田原城の何が「難攻不落」であったのだろうか。その理由を探りつつ、戦国期の小田原城と小田原の町の様子にアプローチすることを本書の目的としたい。

前述したように、寛永小田原大地震以降の近世小田原城（後述するが、以後本書では「小田原新城」と呼ぶこととする）の築城により、戦国期小田原城は「上書き」されてしまい、その姿を確認することはできなくなってしまった。そのため、戦国期小田原城の姿を確認するには、小田原城の歴史や縄張《なわばり》を確認するだけでなく、どの部分が戦国期以来の小田原城の遺構であり、どの部分が寛永小田原大地震以降の小田原新城の遺構なのかを考古学的に実証し、小田原新城として「上書き」された部分を取り除いていく作業が必要となる。

そこで、小田原城及びその周辺で行われた発掘調査成果と、文献史料・絵図情報などを分析することで、「難攻不落」と言われた戦国期小田原城の姿にアプローチしてみたい。

小田原合戦にも敗れた小田原城が、なぜ「難攻不落」と形容されることになったのか。小田原城の何が「難攻不落」であったのか。その真相に迫ることを射程に、戦国時代の小田原城の姿を確認してみたい。

北条氏以前の小田原古城

都市「小田原」への寄生

そもそも小田原城とは

いつ築かれたのか

そもそも、小田原城はいつ築かれた城館なのであろうか。

実は正確にはわかっていない。城郭を調べる際によく引用される書籍をみると、『日本城郭辞典』には、「鎌倉時代に後の小田原の西寄りの山上、小峯山に土肥氏の一族が館を設けたのに始まると伝える」とあり（鳥羽一九九五）、『日本城郭大系』には「伝承によると小田原城は土肥《どい》氏が取り立てたという。十四世紀の末、鎌倉公方足利《あしかが》持氏《もちうじ》の時代である」と記されている（平井ほか一九八〇）。

いずれも一四世紀以前にその初現を位置づけているが、これらの説は天保一二年（一八四一）に編まれた『新編相模国風土記稿《しんぺんさがみのくにふどきこう》』に「築城の始を詳にせず、鎌倉管領足利持氏の頃は、土肥黨の輩居住せし」とある記述を引用してのことと思われる。この他、早川荘を本拠とした小早川《こばやかわ》氏により最初に城館が築かれたとする説もあるが（中野一九六二）、確実な史料はない。これまでに行われた発掘調査でも、小田原城周辺の発掘調査で一四世紀以前にさかのぼる中世遺構は、ほとんど検出されていない。そのため、現状では一四世紀以前から小田原城が存在したことを示す要素は確認できないのが実情である。

また、『新編相模国風土記稿』と同じ頃、小田原藩士三浦義方により著された『相中雑《そうちゅうざっ》誌《し》』には、「北条早雲伊豆ノ国ヨリ起テ大森信濃守藤頼ヲ亡シ直ニ小田原ヲ乗取新ニ築処也」、あるいは「明応三年北条早雲大森信濃守ヲ討テ新城ヲ築」くとある。この記述をみると、北条氏以降の小田原城は伊勢宗瑞の小田原進出に伴って新しく築かれた城館であるとの認識があったことがわかる。

このように、小田原城の築城時期については不確かな状況ではあるが、今のところは『鎌倉大草紙《かまくらおおぞうし》』康正二年（一四五六）の項にある「大森安楽斎入道父子は竹の下より起て小田原の城をとり立、近郷押領」との記事が小田原城の初出事例と位置づけられている。

この『鎌倉大草紙』の記述は、竹之下（静岡県小山町）を拠点とする大森安楽斎入道（頼春）父子が、享徳の乱（一四五五～一四八三）の中で「小田原の城をとり立」てたことを示している。この記述が小田原城の文献史料上の初見ではあるが、「小田原の城をとり立」てているとの状況からは、これより以前から「小田原の城」は存在していたとみることができる。

今のところ、考古学的には小田原城の築城時期を想定し得る確実な成果は得られていないが、『鎌倉大草紙』の記述からは、一五世紀中葉以前には「小田原の城」は存在し、それを大森氏が取り立てたことで、小田原城の歴史は始まったと評価できよう。そして北条氏は、この「小田原の城」を関東統治の本城として発展させていく。

この時に大森氏が取り立てた「小田原の城」とはどのような城館で、どこに所在していたのであろうか。

「小田原」の誕生

「小田原の城」が所在した「小田原」は、東海道の宿場町として発生・発展した都市である。東海道は、もともとは足柄峠《あしがら》（神奈川県南足柄市・静岡県小山町間）を越える足柄道が官道であったが、延暦二一年（八〇二）の富士山噴火に伴って足柄道が通行不能となり、箱根道が開かれた。足柄道の復旧に伴い、東海道の主要道は足柄道へと戻るが、源頼朝《みなもとのよりとも》に始まる箱根権現《はこねごんげん》（神奈川県箱根町）・伊豆山権現《いずさんごんげん》（静岡県熱海市）への二所参詣が鎌倉幕府の恒例行事となったことで、箱根道の利用頻度は増していく。そして、「小田原」は東海道箱根道の通過点に位置するため、箱根道の利用増加が「小田原」発展の契機となる。

「小田原」という地名も、真名本《まなぼん》『曽我物語《そがものがたり》』巻第五の建久二年（一一九一）の記述、鎌倉円覚寺《えんがくじ》舎利殿の仏舎利由来記である『仏牙舎利記《ぶつげしゃりき》』の記事（建暦～建保年間：一二一一～一二二九）が最も古い事例となっている。しかし、どちらも南北朝期に成立した史料であるため、一次史料としては、嘉元三年（一三〇五）とされる称名寺《しょうみょうじ》文書『某書状』にある「御まいりの人ハ、をたわらと申し候にとゝまり候しに候」との記述を初見とし、この記述から、（二所への）お参りの人々が「をたわら」に滞在したことが確認できる。

また、冷泉為相《れいぜいためすけ》の私歌集である『藤谷和歌集《とうこくわかしゅう》』には、鎌倉へと下向する冷泉為相が「小田原」で詠んだ和歌が掲載されている。『藤谷和歌集』の成立時期は不詳であるが、近似歌が延慶三年（一三一〇）頃の成立と考えられる『夫木和歌抄《ふぼくわかしゅう》』にも収載されていることから、一四世紀初頭頃には成立していたと考えられており、これらの史料から一四世紀初頭には「小田原」と呼ばれた都市空間が存在していたことがわかる。

一方で、それより少し前、弘安二年（一二七九）に箱根を越えて鎌倉へと向かう冷泉為相の母阿仏尼《あぶつに》は、『十六夜日記《いざよいにっき》』に「湯坂《ゆさか》より浦に出でて日暮かゝるに、猶とまるべき所遠し、伊豆大島まで見渡さるゝ海面を、いづことか言ふと問へば、知りたる人もなし、海人の家のみぞある」と、湯坂（箱根町）から海辺へ出た伊豆大島が望める場所（後の小田原城下西縁部、大窪《おおくぼ》、小田原市板橋付近）で（図2）、「ここは何処か？」と聞いても知っている人はなく、海人の家がある程度であったとの景観を描写している。

この後、阿仏尼は酒匂《さかわ》（小田原市酒匂）まで歩を進めているため、この時点では後の小

図2　大窪（板橋）で見え始める伊豆大島

田原城周辺に宿・都市としての萌芽は認められない。

このことから、この段階では未だ「小田原」は成立しておらず、酒匂川東岸の酒匂の方が都市空間としては勝っていたであろうことを知ることができる。はからずも、阿仏尼と冷泉為相という母子の記述を比べることで、「小田原」という都市空間の成立が、一三世紀第4四半期から一四世紀初頭の間であることをうかがい知ることができる。

要害の地であり、権益を持つ場

そして、建武二年（一三三五）、中先代《なかせんだい》の乱に際し、北条《ほうじょう》時行《ときゆき》追討のために鎌倉へと向かう足利尊《たか》氏《うじ》は、その途中で「今夜小田原上山野宿」と「小田原」の上の山で野営している。この「小田原上山」での野営は、「筥根合《はこね》戦」後のことであり、翌日の「相模川合戦《さがみがわ》」「十間酒屋（神奈川県茅ヶ崎市）」へ向かう途上であることを踏まえると、東海道沿いに位置した可能性が高い。東海道沿いに位置する「小田原」直上の丘陵はどこかと考えると、それは天神山丘陵や八幡山丘陵などの後に小田原城の一角を形成する丘陵である可能性が高い（図6）。この点については後でもう少し詳しく検証したい。

大森氏が「小田原の城をとり立」てるのは、この尊氏野営からおよそ一〇〇年後のことである。足利尊氏軍が野営するような要害としての立地条件を踏まえ、小田原城を活用するに至ったのであろう。

また、『太平記《たいへいき》』によると、康安元年（一三六一）に失脚して伊豆へと向かう畠山国清《はたけやまくにきよ》以下三〇〇騎が、「小田原ノ宿ニ著タリケル夜」に、土肥掃部助《かもんのすけ》が「小田原ノ宿へ押寄セ」るという事件が起きている。そのため、この頃までに「小田原」は多数の兵が駐屯できる規模の〝宿〟へと成長していたと考えられる。「小田原」は、南北朝期には東海道の〝宿〟として、その歴史をスタートさせていたのである。

大森氏が「小田原の城をとり立」てた背景には、〝宿〟としての都市空間を掌握することも大きな目的であったと考えられる。〝宿〟は、地域の経済圏の中心ともなる都市空間である。大森氏が取り立てた「小田原の城」とは、単に要害の地との要件だけでなく、交通の要衝であり、〝宿〟としても発展し始めていた「小田原」を掌握するために取り立てられた城館と言えるであろう。

つまり大森氏は、既存の経済権益を掌握するため、発展途上にある「小田原」という都市空間に寄生する形で城を取り立てたのである。

城下町というと、近世城下町のように城の膝下に町が成立するイメージを抱くが、中世の城館と城下町の関係は逆の場合が多い。実際には、既存の都市空間が持つ権益を取り込むため、武家（城）が町に近寄ることで城と城下町の関係が成立している。城は町に寄生していると表現する方が妥当であり、その関係性は城下町というよりは町上城なのである。

大森氏も、新興都市としての存在感を発揮しつつあった東海道の宿「小田原」の経済権益を掌握するため、「小田原の城」を取り立てたのであろう。このような行動の背景は、大森氏の出自と役割から確認することができる。

大森氏時代の「小田原」

「小田原」進出

少し時代をさかのぼって大森氏について見ておこう。

応永二三年（一四一六）、前の関東管領《かんれい》である上杉禅秀《うえすぎぜんしゅう》が鎌倉公方《くぼう》足利持氏に対して乱を起こした（上杉禅秀の乱）。室町幕府の援助を得た持氏が乱を鎮圧すると、禅秀方に与した曽我・中村・土肥・土屋氏らは没落し、持氏を支えた大森氏がその遺領（神奈川県西部、足柄上郡・下郡）を獲得する。

大森氏は足柄峠西麓の駿河駿東郡竹之下（静岡県小山町）を本拠としており、伊豆府中関所を請負、箱根道関所でも関預人として活躍する鎌倉府の奉公衆《ぶぎょうしゅう》であった。小田原においても、鎌倉松岡八幡宮の修理《しゅり》料所《りょうしょ》である「小田原宿関所」を管轄するなど、相模国の守護である扇谷上杉《おうぎがやつうえすぎ》氏の下で箱根・足柄の交通網を押さえた実力者であった（佐藤一九九八)。

この大森氏が押さえる「小田原宿関所」は、史料上は応永一四年(一四〇七)が初見であり、網野善彦氏は関自体が「都市的な場」であったと評価している(網野一九七六)。つまり、大森氏時代の小田原は、〝宿〟としてだけではなく、関所を中心とした〝関所前集落〟としての要素も持ち合わせていたのである。

大森氏による開発

大森氏は、文安二年(一四四五)に総世寺《そうせいじ》(小田原市久野)、嘉吉元年(一四四一)に海蔵寺《かいぞうじ》(小田原市早川)を開いている。板橋の香林《こうりん》寺《じ》を加え、後に小田原三山と呼ばれる曹洞宗寺院のうちのふたつを開基しており、海蔵寺建立の背景には、早川河口の港支配と海・河川交通の掌握があったと考えられている(佐藤一九九八)。このことは、小田原が〝港町〟としての要素をも持ち始めていたことを推測させよう。

以上の様相から、大森氏が小田原掌握のための行動を起こしている様子がわかるが、実際に大森氏ゆかりの史跡(居城や菩提寺、墓所など)が残るのは、大森氏の本拠地であった竹之下にも近い神奈川県山北町や同県南足柄市周辺である。

例えば、大森氏ゆかりの石塔は岩原《いわはら》城(南足柄市)西側にあり(図3)、同所は大森実頼《さねより》開基の清泉院《せいせんいん》の跡地と伝えられている。この清泉院は、文明二年(一四七〇)に場所を移

図３　南足柄市の大森氏墓所

図４　小山町の大森氏墓所

して長泉院《ちょうせんいん》（南足柄市）と称し、長泉院は現在も大森氏累代の位牌を伝えている。また、静岡県小山町生土の乗光寺《じょうこうじ》にも大森頼春《よりはる》・頼春室・氏頼《うじより》・実頼・藤頼《ふじより》と伝わる宝篋印塔《ほうきょういんとう》が所在しており（図4）、岩原城や相模沼田城（南足柄市）、河村城（山北町）などは大森氏の支配下にあったとされる。

このように、大森氏ゆかりの旧跡は小田原よりも北側内陸部を中心に点在しているため、「小田原」が大森氏の本拠地であったのか、はたまた支配地域のひとつに過ぎなかったのかという点については、慎重な検証が必要である。

大森氏の小田原城

結果として、大森氏は「小田原の城をとり立」てているが（『鎌倉大草子』）、実際に小田原城が大森氏の本城であったと評価できる文献史料はない。また、これまでの発掘調査でも小田原城周辺で大森氏の時代の小田原城に関連する遺跡は確認できていない。このような状況を考慮すると、後に北条氏が小田原を関東の首府とする歴史、小田原城を本城とするイメージが、根拠の乏しいままに「大森氏は小田原城を本拠とした」との解釈を生み出す要因になっていると考えることもできるのではなかろうか。

そもそも、大森氏には憲頼《のりより》・成頼《しげより》の系統と、信濃守を称する氏頼・実頼の系統があり、分裂・対立状況が生じていた（佐藤一九九八）。小田原城を本城と評価するならば、どちらの系統の誰がどのくらいの期間在城していたのか、周辺地域をどのように統治していたのかという点を明確にする必要があろう。

むしろ、大森氏の出自と前述のような関守としての役割、残る史跡の様相を考えると、大森氏段階の小田原城とは、大森氏旗下で東海道および小田原宿を掌握するための城館であったのではなかろうか。本城としての根拠が乏しい状況の中では、大森氏時代の小田原城は、〝宿〟〝関所前集落〟〝港町〟として経済圏を確立しつつあった「小田原」という都市空間掌握のための城館との要素の方が重要である。

その一方で、前述の寺社建立もその一例であるが、大森氏により「小田原」掌握のための都市整備が進められていることも間違いない。『新編相模国風土記稿』には、板橋村（小田原市板橋）の項に「旧家藤兵衛」として京紺屋津田《きょうこうやつだ》氏が、「大森氏頼入道寄栖庵に属して小田原に住す」との由来が記されている。さらに藤兵衛には「北条新九郎入道早雲、当所に宅地を与へ」たとあることから、宗瑞の時期には板橋に居住していたとの由来を伝えていたことがわかる。これは、大森氏段階における他地域から小田原への人の移入事例とみることができよう。また、「小田原」の中でも板橋に居を構えている点は興味深く、早い時期から板橋に職能民が居住していた可能性がうかがえる。

板橋は、戦国期以前は「大窪」と呼称された地域である。大窪のことについては後に詳述するので、記憶に留めておいて頂きたい。

大森氏当主の交代

享徳の乱に際し、「小田原の城をとり立」てた大森頼春の跡を継いだのは大森憲頼・成頼親子の系統と考えられている。成頼の「成」が古河《こが》公方足利成氏《しげうじ》からの一字拝領とすれば、その関係は自ずと推察される。

その一方、憲頼の弟とされる氏頼は、実子実頼とともに扇谷上杉氏方であったとされる。このことは「太田道灌書状《おおたどうかん》」にも見え、これにより大森安楽斎（頼春）の息子憲頼と氏頼は古河公方方、扇谷上杉方に分かれた分裂状態にあったことがわかる。

しかし、文明一〇年（一四七八）五月、長尾景春《ながおかげはる》に与した大森成頼が籠もる相模平塚城《さがみひらつか》（神奈川県平塚市）が扇谷上杉氏家宰太田道灌により攻略され、成頼は箱根山中に逃亡したとの記述が『鎌倉九代記《かまくらくだいき》』にある。これにより、氏頼・実頼親子が新たな大森氏の当主となり、小田原城主となった（佐藤一九九八）。この時、小田原城において攻城戦が行われたかどうかは定かではないが、城主交代劇という点では後の伊勢宗瑞の小田原入城と同様の事象である。そのため、プロローグでは四敗のひとつに数え、小田原城の落城・開城事例として評価した。

この時の太田道灌を介した扇谷上杉氏の西相模掌握、大森氏頼・実頼の小田原入城により、いよいよ伊勢宗瑞の小田原入りに向けての登場人物が出揃ったことになる。

伊勢宗瑞の登場

伊勢（北条）氏入城以前の「小田原」には、〝宿〟〝関所前集落〟〝港町〟などの異なる要因で成立した「都市的な場」が存在していた。そして、この「都市的な場」を中心に、大森氏による「小田原」の都市整備が進められたと考えられる。

複数の「都市的な場」

「都市的な場」とは、網野善彦氏が非農業民が集住・定着した「地」を評価し、提起した用語であるが（網野一九七六）、落合義明氏は「ある程度の人口を抱え、周囲の交易や信仰の拠点（結節点）として、経済的にも周辺地域より優越する場」と定義している（落合二〇〇五）。このような定義を踏まえると、これまでに確認してきた「小田原」とは、まさに多様な「都市的な場」が近接、あるいは重なり合って存在する空間であったと理解できる。

永正一六年（一五一九）四月二八日付けの「伊勢菊寿丸《きくじゅまる》所領注文」に記された伊勢宗瑞から菊寿丸（のちの北条幻庵）へと受け継がれた「おたハら（小田原）」は、農村部の貫高《かんだか》「四百くわん文」と宿場の商人・職能民に課せられたとされる「宿のちしせん（地子銭）六くわん文」、武士の屋敷に課せられたとされる「やしきせん（屋敷銭）廿くわん文」で構成されている。

この所領注文は、伊勢宗瑞が「小田原」へ進出してからおよそ二〇年後のものである。それは、二代氏綱《うじつな》が「小田原」を本拠とした翌年であり、「小田原」の本格的な本拠化はこれ以降であることを考えると、北条氏が「小田原」へと進出した段階、大森氏の時代も「伊勢菊寿丸所領注文」に示された状況に近似した空間構成であったと考えられよう。

〝宿〟〝関所前集落〟〝港町〟などを起源とした「小田原」は、大森氏の登場と開発を経て、少なからず武家の影響を受けることになったであろう。その結果、所領注文にあるような、農村部を主体としつつも宿場町・武家地などが近接して存在する複合的な空間構成へと変質していったと評価できるのではなかろうか。

このような「小田原」へと進出し、後の関東の首府としての礎を築いたのが伊勢宗瑞から氏綱・氏康《うじやす》・氏政《うじまさ》・氏直《うじなお》と続く伊勢氏＝北条氏である。

伊勢宗瑞の「小田原」入り

伊勢氏は、「小田原」に近接して所在した大森氏の小田原城を発展させ、小田原周辺の「都市的な場」をも併合する形で本拠としての都市小田原を整備していく。小田原城自体も、その存在に歴史上の焦点があてられるのは、宗瑞が小田原城に進出して以降のことと言って過言ではない。

宗瑞が小田原に進出した時期は、長らく明応四年（一四九五）九月という説が有力であった。それは、「鎌倉大日記《かまくらおおにっき》」の記載によるところが大きかったが、近年の研究では明応九年（一四九八）九月とする説が主張されている（黒田二〇一九）。これは「異本塔寺長帳《いほんとうでらながちょう》（塔寺八幡宮続長帳）」の記述や、自然災害等の状況からの類推により比定されている説である。しかし、「異本塔寺長帳」は、「塔寺八幡宮長帳《とうでらはちまんぐうながちょう》」とは異なり、宝暦年間（一七五一～一七六四）以降成立の編纂書と評価されており、明確な誤記も見受けられる。そのため純粋な一次史料ではない以上、これも確証とは言い切れないであろう。

史料上、明確に大森氏の小田原在城が確認できるのは明応五年（一四九六）七月までである。明応五年七月二四日付けの山内上杉顕定《あきさだ》書状に「大森式部少輔・刑部大輔・三浦道寸・太田六郎右衛門・上田名字中幷伊勢新九郎入道弟弥次郎要害自落」との記述があり、この文書からは、山内上杉顕定に対し、大森式部少輔を筆頭に伊勢新九郎（宗瑞）弟弥次《やじ》郎《ろう》までが籠城戦を展開している様子がうかがえる。結果、山内上杉顕定は小田原城に比定される「要害」を自落させたことにより、相模西郡の計略を優勢に進め、実田（平塚市）に向けて進軍することになるが、この文書の存在から、明応五年七月の段階には、小田原城において大森氏と伊勢氏が協同して山内上杉氏に対峙している様子が確認できる。

ところがこれ以降、永正元年（一五〇四）九月までの間に大森氏は扇谷上杉氏から山内上杉氏へと転じている。これにより扇谷上杉方の伊勢宗瑞と山内上杉氏方となった大森氏との対立構造が生まれる。

したがって、少なくとも大森氏と伊勢氏の対立は、明応五年七月以降ということになる。そして、永正七年（一五一〇）と推定される一〇月一九日付け文書では「伊勢入道当国乱入ゆえ、上杉建芳出馬せられ、小田原城涯まで悉く打ち散らす」とある。これは竹隠軒（岡本妙誉）宛三浦道寸書状の写しであるが、宗瑞方が小田原城にあり、扇谷上杉氏に小田原城際まで攻め込まれている状況が確認できるため、小田原城が宗瑞の領するところとなっていたことが確実である。そして、それより前の文亀元年（一五〇一）三月に宗瑞は鎌倉時代以来伊豆山権現領であった上千葉（小田原市千代）を直轄化しているため、この時期までには小田原城近郊を領有するに至っていることがわかる。

宗瑞による伊豆国の平定が完了するのは、明応七年（一四九八）のことである。伊豆平定戦の展開には、明応四年・七年の大地震の影響が大きく寄与しているとの見解もあり、伊豆平定以前に小田原へと進出することは困難であったと考えられている（家永二〇〇〇）。また、前述のように宗瑞の小田原進出時期を明応九年と評価する向きもあるが、残る一次史料から確認できるのは「明応五年の七月以降、元亀元年三月までには宗瑞は小田原へと進出している」という点のみである。

以上の状況から、現時点ではこの年代観こそが真摯な宗瑞小田原進出時期の評価と考えられ、さらなる追究は史料の新出や研究の進捗を待って判断することとしたい。

「火牛の計」

また、小田原駅前の「北條早雲公」像にも造形されているように（図5）、宗瑞の小田原進出は「火牛の計《かぎゅうのけい》」によるものとの説があり、著名である。これは、『北条記《ほうじょうき》』などにある記述に拠るものであるが、『北条記』によると、宗瑞は「鹿狩仕候故」として、鹿狩りのために領内に勢子《せこ》を入れることを大森氏に申し入れ、夜陰に紛れて千頭の牛の角に松明《たいまつ》を付けて小田原城に迫り、大森氏を追い落としたとある。

類似した記述は、成立年不詳の『相州《そうしゅう》（関東）兵乱記《へいらんき》』や近世初頭の成立とされる『豆相記《ずそうき》』にもある。そして、『豆相記』に「是非田単列伝之謀哉」とあるように、早い段階から『史記《しき》』「田単列伝《でんたんれつでん》」にある手法との共通性は認識されていた。現在も、中国の故

図5　小田原駅前の伊勢宗瑞像

事、あるいは『源平盛衰記《げんぺいじょうすいき》』にある木《き》曽《そ》義仲《よしなか》の倶利伽羅《くりから》峠の戦い方（これも『史記』を引いた創作と考えられている）との類似性から、宗瑞による「火牛の計」は、後世の創作であるとの見解が主流である。

これに対し、「火牛の計」を単なる創作とせず、押し寄せる津波の影響を牛に仮託したものであるとする考え方もある（金子二〇一六）。津波被災による混乱に乗じて宗瑞が小田原へと進出したとの解釈であるが、このことについては、宗瑞の小田原進出の年代観とともに慎重な検証が必要であろう。

伊勢氏が入った小田原城

既に大森氏時代の小田原城についての検証は試みたが、伊勢宗瑞が小田原へと進出した頃の小田原城は、どのような城館であったのだろうか。大森氏に代わって小田原城に入った宗瑞が、単純に大森氏の小田原城を継承したとは考え難い。なぜならば、「火牛の計」が津波になぞらえられているように、明応四年（一四九五）には相模トラフ地震、明応七年には南海トラフ地震が発生しており、小田原も相当な被害を受けていた可能性が高い。また、明応五年には前述した山内上杉氏の攻撃により小田原城は自落に追い込まれており、「西郡一変」という事態が生じている。これらの事象を積み上げただけでも、宗瑞が進出した段階の小田原の城と町は、大きなダメージを受けていたものと推察される。前に紹介した『相中雑誌』には、「新ニ築処也」あるいは「新城ヲ築」との記述があった。この表現が、荒廃した状態からの改修を意味するものであるとすれば、新たに築城したとの表現は理解しやすく、宗瑞が小田原進出後に新たに城を築いたと表現されるほどの整備に着手した可能性は考えられよう。

そのように考えると、宗瑞進出以前、伊勢氏により新たに築かれる以前の大森氏時代の小田原城については、「小田原古城」と位置づけることが妥当であろう。

そしてその場所は、長らく八幡山《はちまんやま》であると考えられてきた。『相中雑誌』では「其頃ノ本丸ハ今ノ御城山ノ由」「其頃ノ本丸ハ今ノ御城山ノ内也」とあり、一九世紀には「御城山」と呼ばれた八幡山を中心とした場所に小田原古城の中心が所在したと考えられていた。『新編武蔵風土記稿《しんぺんむさしふどきこう》』では、多摩郡氷川村の項に「明応年中相州小田原の城主大森式部少輔氏頼の長男、実頼父とともにかの城におり、次男宗頼は小田原の小峯と云所に住せり」と、八幡山の西端頂部である小峯に大森氏の一族が居住していたとの伝承を伝えている。

このように、江戸時代の後半には八幡山が小田原古城の中心であったと考えられていたことがわかる。しかし、これらはいずれも一九世紀の史料に記された記述であり、現在までの発掘調査では八幡山で宗瑞段階以前、すなわち一六世紀初頭以前にさかのぼる中世遺跡は確認されていない。

また、前に述べた足利尊氏の野営地は、「小田原上山」と表現される「小田原」と称された「都市的な場」の直上であった。「小田原」が〝宿〟であり、〝関所前集落〟でもあるとすれば、それは東海道沿線である可能性が高いことも先に述べた。大森氏が、尊氏野営の要害、「小田原」を見下ろす場所を小田原古城として取り立てたとするならば、小田原古城からは「小田原」・東海道は俯瞰できたに違いない。しかし、「御城山」と呼ばれた八幡山丘陵中心部からは、天神山丘陵が邪魔となって東海道を望むことはできない（図6）。

そのため、八幡山は関預人大森氏が城を構える適地とは考え難い。東海道を俯瞰できる場所を抽出するならば、それは八幡山でも江戸時代に小田原新城の本丸が位置した八幡山丘陵突端部、あるいは天神山丘陵に限定される。

尊氏が野営した「小田原上山」を逆に見れば、尊氏の陣のすぐ下に「小田原」と称された都市空間が存在したということになる。八幡山丘陵と天神山丘陵、東海道との位置関係を考えると、東海道沿いの「小田原」直上は天神山丘陵となる。そうすると、その「小田原」の中心は、江戸時代に小田原城下・小田原宿の中心となる宮前町・本町・中宿町・欄干橋町（現在の小田原市本町・南町周辺）よりも西側ということになろう（図6）。

ここまで、小田原と「小田原」、「　」の有無で表記を区別してきた。それは、伊勢氏が進出した時点での「小田原」の位置と範囲が不明確なためであり、後の小田原との違いを示すためである。この「小田原」の空間構成も本書の中で明らかにしていきたい。

小田原の発展

「小田原」へと進出した伊勢宗瑞であるが、宗瑞自身は小田原進出後も伊豆国の韮山《にらやま》城（静岡県伊豆の国市）を本拠とし、小田原城には弟弥次郎とともに嫡子氏綱を置き、相模進出の拠点とした。

この後、小田原は『北条記』に、「昔の鎌倉もいかで是程あらんやと覚ゆる計に見へける」と、昔の鎌倉もこのようであったのだろうかと思われるほど、と記される発展を遂げ、「交易売買の利潤は四条五条の辻にも過たり」「民の竈も豊饒して、東西の業繁昌せり」と記されるように、京都四条・五条にも負けない賑わいを見せ、民も豊かに暮らす都市へと成長することとなる。

こうして小田原は、「相模府中」「相府」とも称される相模国第一の都市へと発展した。北条氏の領国拡大とともに関東の首府ともなるが、その過程での小田原城・小田原城下の発展の様子を記す文献史料は乏しい。そのため、戦国期の小田原の様子を知るには、発掘

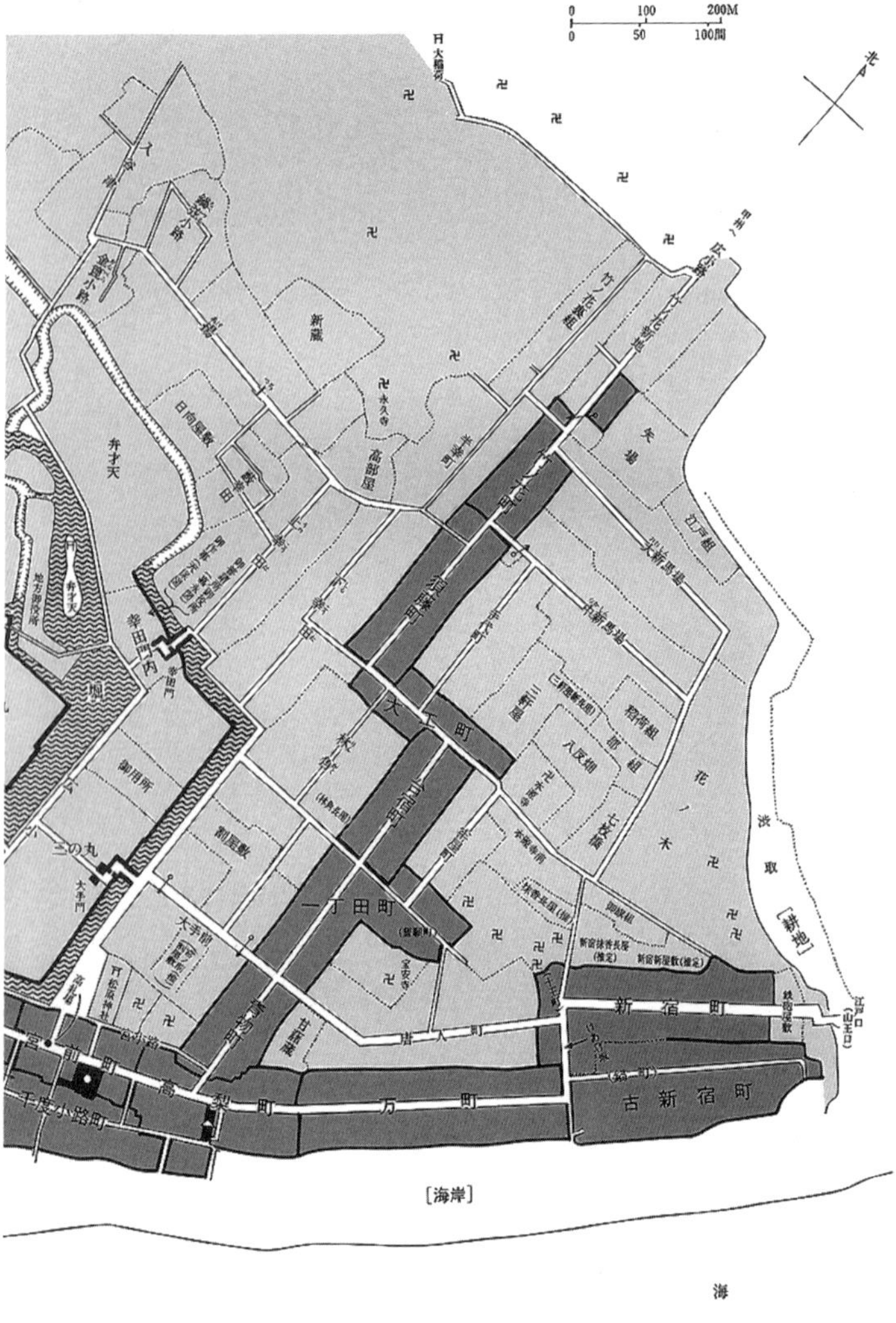

図６　近世小田原城下の町名図（内田1990より）

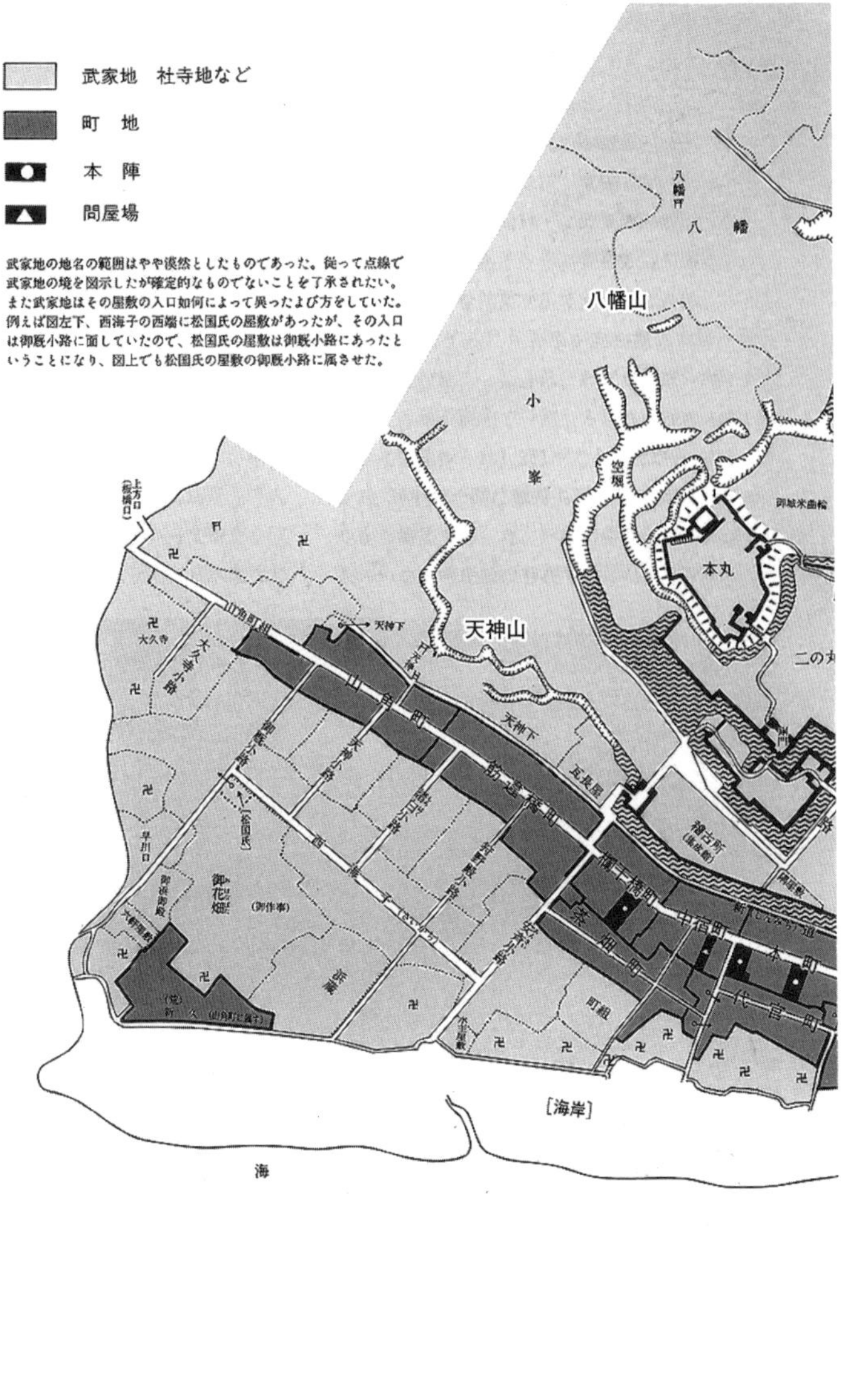

武家地の地名の範囲はやや漠然としたものであった。従って点線で武家地の境を図示したが確定的なものでないことを了承されたい。また武家地はその屋敷の入口如何によって異ったよび方をしていた。例えば図左下、西海子の西端に松国氏の屋敷があったが、その入口は御厩小路に面していたので、松国氏の屋敷は御厩小路にあったということになり、図上でも松国氏の屋敷の御厩小路に属させた。

調査成果を踏まえた考古学的な手法により解明していく必要がある。

その上、戦国期小田原城の上には江戸時代以降の小田原新城が乗っかっているため、小田原新城の痕跡を取り除かないと、戦国期小田原城の姿は確認できない。そこでまずは、文献史料等から改修の痕跡が確認しやすい江戸時代以降の小田原新城の様子を確認し、その改修＝「上書き」履歴を明確にしておきたい。そして、「上書き」の痕跡を取り除くことで、戦国期の小田原の姿を浮かび上がらせてみよう。

白亜の天守聳える小田原城

小田原新城の誕生

小田原合戦後の小田原城

関東の首都から江戸の衛星都市へ

天正一八年（一五九〇）、小田原合戦に敗れた北条氏《ほうじょう》が小田原を去ると、関東の主も北条氏直《うじなお》から徳川家康《とくがわいえやす》へと替わることとなる。家康が江戸を本拠と定め、小田原が徳川家重臣大久保忠世《おおくぼただよ》の領するところとなると、都市小田原の位置づけも大きく変化し、戦国時代の関東の「首都」との立場から江戸の衛星都市、江戸の西方を守る防衛拠点へとその存在意義を変えていく。

繰り返しになるが、現在小田原城址公園を訪れた際に目にする、石垣を備え白亜《はくあ》の天守が聳《そび》える小田原城の姿は、江戸時代以降の改変により成立した姿であり、戦国期の小田原城とは全く別の城郭である。したがって、本書で対象とする戦国時代の小田原城を考えるためには、現在確認できる小田原城がどのようにして成立していったのかを確認し、江戸時代以降に手が加えられた小田原城の痕跡を剥がしていく必要がある。

江戸時代以降に上書きされた部分を明確にするため、小田原合戦終結以後の小田原城の歴史を概観しておこう。

小田原開城と大久保氏入城

天正一八年（一五九〇）七月五日、小田原合戦が三ヶ月の籠城戦の後、豊臣秀吉の天下一統を決定付ける形で終了したことは周知のことであろう。すぐに小田原開城に伴う接収が始まり、徳川家重臣榊原《さかきばら》家には「御分捕小田原城ニ而、北条氏直天守二重目有之由」との付箋《ふせん》がある銅鑼《どら》が伝わっている。このことからも接収の際には小田原城の建造物（天守）が健在であった様子をうかがい知ることができる。本書冒頭で伊達政宗に代弁してもらったように、北条氏の小田原城は開城後も健在だったのである。

一方、新たに小田原城主となった大久保忠世は、小田原入城後間もなく小田原城の改修に着手している。小田原城の修築用石材の確保について「天正年中小田原御城石大久保七郎忠世候書、外郎家自先世保存之」との表書のある覚書が残り、発掘調査においても三の丸東堀第Ⅱ地点や三の丸幸田口《こうだぐち》跡第Ⅶ地点などで、大久保期に構築された玉石積《たまいしづ》みの石垣が確認されている。

さらに、二の丸住吉堀障子堀《しょうじぼり》B類や三の丸箱根口跡3号堀などでは、北条氏時代の遺

図7　未完成の堀（三の丸元蔵堀第Ⅷ地点）

構を壊して新たに障子堀が構築されている様子が確認されており、三の丸元蔵堀第Ⅷ地点では、この時期に構築し始め、未完成のままとなった堀が確認されている（図7）。

図7に見られるように、掘削途中の段違いの堀底や畝、階段などが残る様子は、当時の堀の掘削過程や作業の進め方を教えてくれる。

このような事例から、大久保氏の時代には大坂に豊臣氏が健在な状況の中で、北条氏時代の小田原城を継承しつつも整備・強化し、江戸の防衛線とする方針が採られていたものと考えられる。

なお、城下については、大久保氏が民心掌握の手段として城下周辺に寺院の建立を進めていたことが指摘されているが、発掘調査では明確な城下改変の痕跡は確認できていない。

このことから、この時期には大がかりな城下再編事業は行われていないものと判断され、引き続き戦国期以来の町場の姿は継承されていたと考えられよう。

大久保氏の改易と小田原城の破却

慶長一九年（一六一四）一月、大久保氏は二代目忠隣《ただちか》の代に改易となり、小田原城は破却されることとなった。

この時の破却の様子は「江戸・駿府の諸卒を召し集めて当城の外郭石塁を破却せしむ」（「台徳院殿御実記」）、「一、小田原之城、本城計り御残し成され、悉《ことごと》く御割なされ候事」（『細川家史料』二）などと記されている。福田千鶴氏は、本丸のみを残して二の丸以下は全て破却するという城破《しろわ》りを、近世的作法の初見と位置づけている（福田二〇〇二）。

しかし、史料にあるような破却が行われたとすれば、この時に戦国期以来の小田原城の姿は失われたことになるが、総構《そうがまえ》（大構）はその後も残り、今でもその姿を確認することができる。また、三の丸元蔵堀第Ⅵ地点では、堀コーナー部分でのみ土塁破却に伴う埋《うめ》土《ど》が確認されているとの報告があり、史料上で「悉く」と記されているほどの破却の様子は確認できない。

前項で触れた三の丸箱根口跡3号堀においても、出土遺物としては瀬戸《せと》・美濃窯《みのよう》の志野《しの》製品までを含み、肥前磁器《ひぜんじき》（小田原では一七世紀中葉以降に登場）が含まれていない様子から、慶長一九年の破却に伴って埋没した堀と考えられている。同堀が東海道に面した虎口《こぐち》に位置することを考えると、元蔵堀第Ⅶ地点の事例も含め、慶長一九年の破却は局所的か

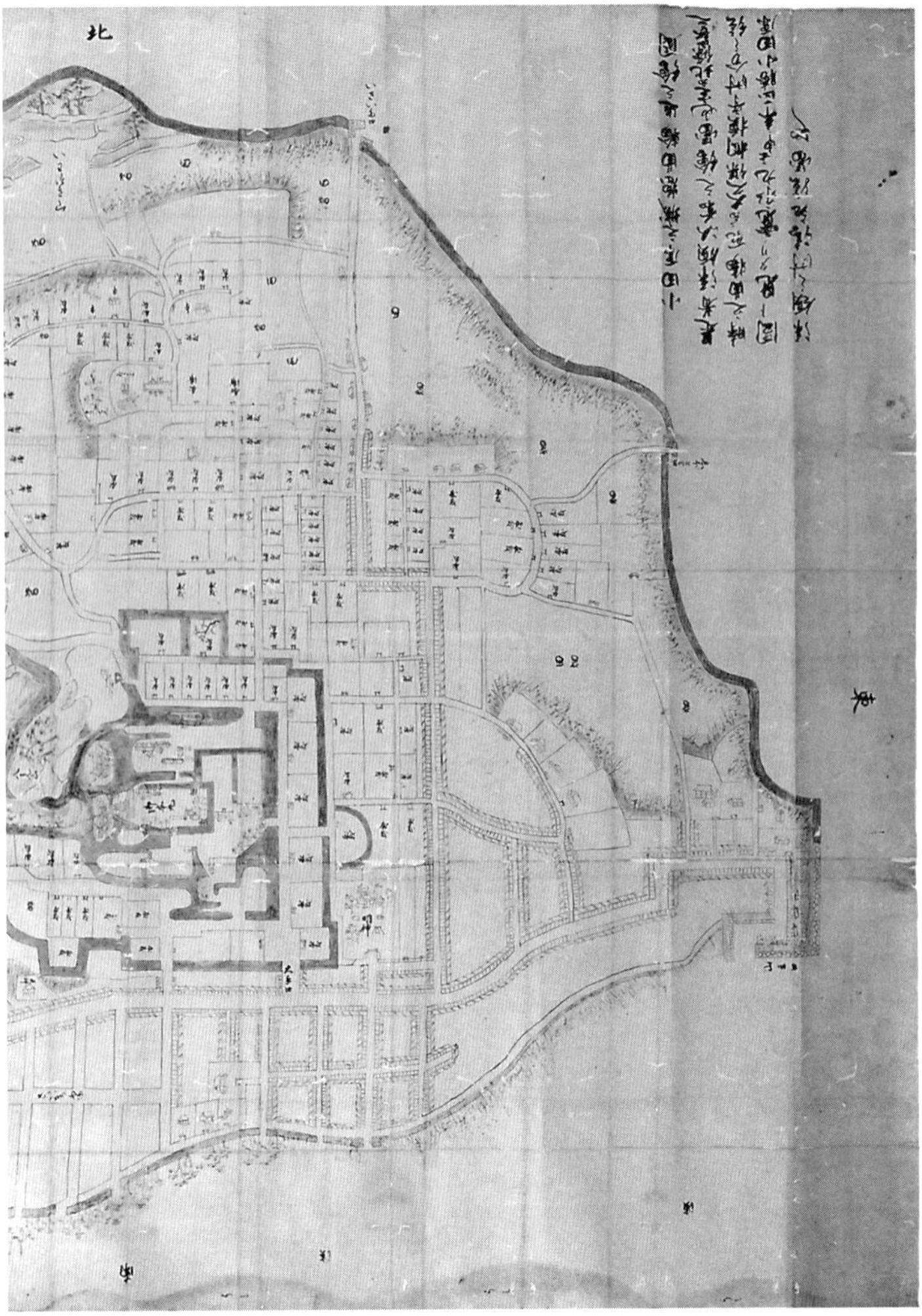

中央図書館所蔵）

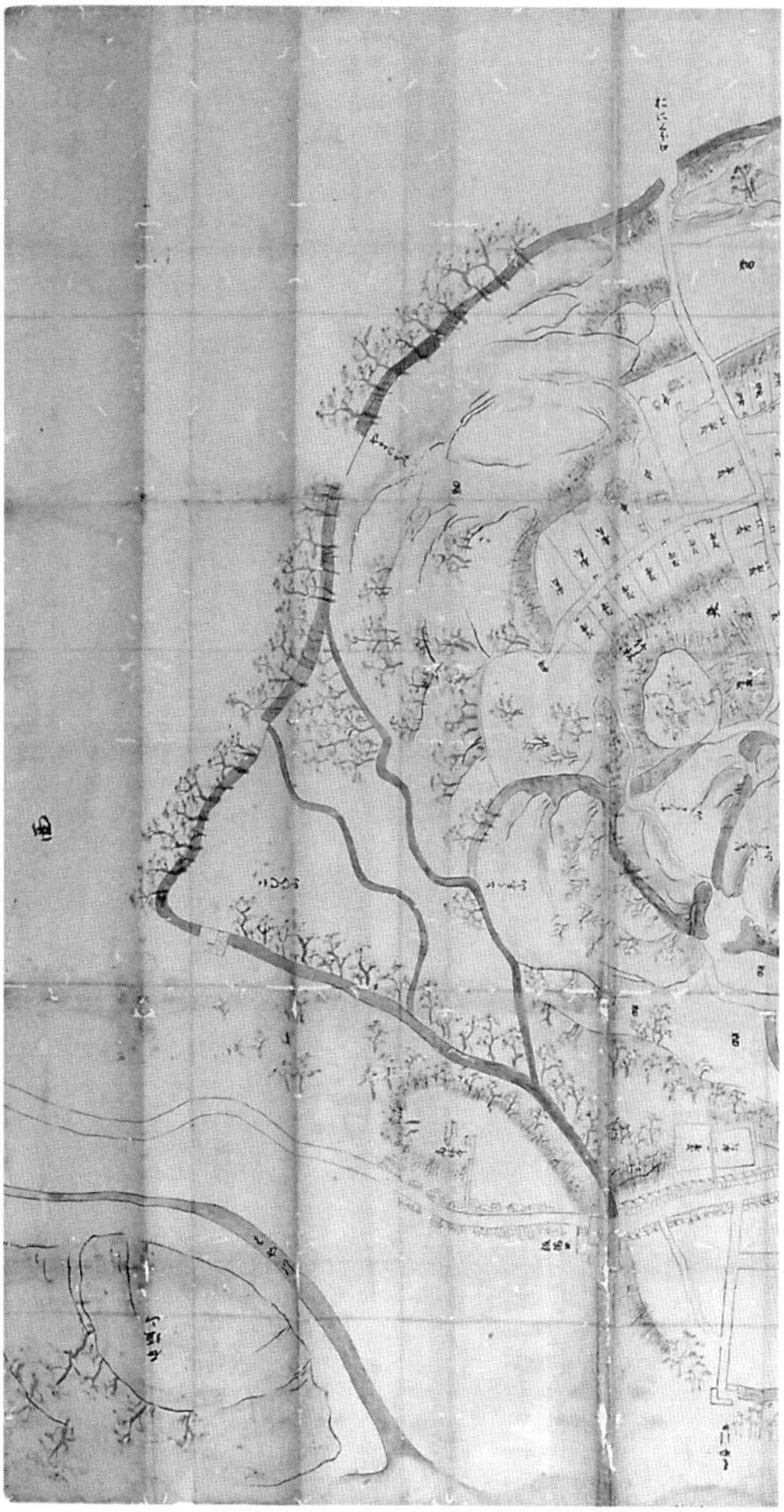

図8　「相州小田原古絵図」（通称「加藤図」，小田原市立

つ象徴的な破却であったと考えることができそうである。したがって、大久保氏の改易を経ても戦国期小田原城の大半は依然として健在であったと考えてよいであろう。

以上の様相を踏まえると、前節で触れた造りかけの三の丸元蔵堀第Ⅷ地点の堀は（図7）、忠隣改易により堀普請が中止されたことで未完成になったと理解される。

図8は、大久保氏改易後の小田原城の姿を描いたとされる「相州小田原古絵図《そうしゅうおだわらこえず》」である。小田原では、小田原藩士加藤家に伝来した経緯から「加藤図」と仮称されている絵図である（田代一九九五）。発掘調査成果からは、この絵図に描かれた描写の信憑性が評価されており、この図で総構（大構）を含む小田原城の城郭遺構が健在である様子が確認できる点を考慮しても、大久保氏改易に伴う破却が史料に記されるほどの規模ではなかったことは明らかであろう。

現在の小田原城へ

大御所徳川秀忠の隠居城計画

大久保氏改易後、小田原城には新たな大名は配置されず、小田原城は幕府城番《じょうばん》が管理する番城《ばんじょう》となった。これは慶長一九年（一六一四）一一月に始まる大坂冬の陣、翌慶長二〇年の大坂夏の陣に際しての江戸防衛の一環としての城番配置であったと考えられている（村上一九九九）。

その後、元和五年（一六一九）閏一二月から同九年五月までは阿部正次《あべまさつぐ》が城主となるが、阿部氏転封後は再び番城となった。この二度目の番城時代については、元和九年七月に将軍職を家光《いえみつ》に譲った徳川秀忠《ひでただ》が小田原城に隠居するとの計画が浮上したこととの関連性が指摘されている（村上一九九九）。

寛永二年・同三年（一六二五・一六二六）には、江戸城の石垣普請奉行《ふしんぶぎょう》を務めた御先手《おさきて》組頭《くみがしら》阿部正之《まさゆき》が小田原に派遣されており、『塚原村（神奈川県南足柄市）村鑑』にはこの時に切り出された石や刻印石が、村内山中に放置されている様子が記されている。そして、寛永七年の「小田原御天守御石切かへの事」「小田原御天守御石かへの事」などの文書があり、「御石ハ御公儀様御奉行衆へ残らす手前より直渡しに仕可申候」と、石を引き渡したことを示す代金の受取証文も残ることから、寛永七年（一六三〇）には小田原城天守台石垣の普請に伴う石材調達が進められていたことがわかる。

これにより天守台石垣普請などの部分的な石垣化工事が進められていたと考えられ、大久保期同様に小田原城の部分的な改修が行われていたものと評価できよう。

城下についても、秀忠隠居城計画が進められていた元和九年（一六二三）から寛永九年（一六三二）という限られた時期にのみ、遠国奉行である小田原町奉行兼代官として揖斐《いび》政景《まさかげ》が配置されており、何らかの作業が行われていた可能性が高い。

しかし、これまでの発掘調査では揖斐政景の時期に行われたと位置づけられる具体的な改修の痕跡は確認できておらず、番城時代における小田原城下改修の痕跡は定かではない。そのため、城下の改修が行われていたとしても大久保期同様に大規模なものではなかったと考えることができよう。

以上のことから、小田原城については、この時期まではマイナーチェンジされながらも戦国期小田原城が利用され続け、城下についても大部分が戦国期以来の景観を伝えていたものとみることができる。

寛永小田原大地震

寛永九年（一六三二）一月、小田原城を用いることなく徳川秀忠が死去し、同年一一月には稲葉正勝《いなばまさかつ》が小田原城主となった。正勝は、翌一〇年一月一一日から小田原城の改修に着手する。この時点で、正勝により改修工事が始められていることは、これ以前の小田原城の改修が未熟あるいは不完全であったことの裏返しと捉えることができる。

しかし、正勝が改修工事に着手して一〇日目、小田原はマグニチュード七を越える大地震に見舞われる。これにより、小田原城および城下は壊滅的な被害を受け、前代から継承していた小田原城の建造物も倒壊する。小田原は甚大な被害を受けたが、小田原城が翌一一年に上洛する徳川家光の宿所となることが決まっていたため、幕府から四万五〇〇〇両の工費とともに普請奉行・石垣奉行が派遣され、天守《てんしゅ》・本丸御殿《ほんまるごてん》（将軍家宿所）・多聞《たもん》櫓《やぐら》・石垣普請などの復旧工事が急ピッチで行われた（下中一九九九）。これにより戦国期以来の小田原城は小田原新城へと生まれ変わることとなる。

小田原藩でも「御手前普請」として一万七四七六両を出費した二ノ丸屋形（小田原藩主御殿）と御花畠之御亭（藩主別邸）の工事を行っている。城下においても、小田原府内への東側虎口である山王口の付け替えや将軍専用の御成道の整備、大手口の移設、松原神社の社地縮小、山角町・板橋村への寺院移設などが行われたとされる。

これらの城下町整備は、稲葉氏治世の初期に集中すると指摘されており（下中一九九九）、震災後の復旧事業として進められたものと考えられよう。この稲葉期の城下改修の痕跡は、発掘調査においても一七世紀前葉を境とした遺構軸の変化として確認されている。

さらに、正保元年（一六四四）に幕府が諸藩に命じて作成させた正保の城絵図（「相模国小田原城絵図」、通称「正保図」）以降の城絵図と最近の都市計画図（平成一八年測量、同三〇年補正）を比較すると、町割り・区画の大半が一致する。「正保図」には稲葉氏による改修以後の姿が描かれているため、稲葉氏の改修により現在の小田原の地割りが完成したとみることができる。

一方で、発掘調査で具体的な遺構軸の変遷として改修の痕跡が確認できるのは、中宿町・本町などの東海道近辺を中心とした地域に限られている（図6）。このような状況から考えると、寛永一〇年に始まる稲葉氏による城下の改修工事は、将軍上洛と連動する東海道整備に伴う限定的なものであった可能性が高い。

小田原城のいま

稲葉氏の後、貞享三年（一六八六）に再び大久保氏が城主となる。

これ以降、嘉永五年（一八五二）に海浜部に台場が築造されたが、小田原城は大きな改変は加えられずに明治維新を迎えることとなる。

明治維新後、小田原城では明治三年（一八七〇）に廃城届を提出、小田原城の歴史は幕を下ろすことになる。これは、「廃城令」として知られる「全国城郭存廃ノ処分並兵営地等撰方」が明治六年（一八七三）に出されるよりも早い対応であった。その理由としては、「小田原城廓は藩力の修補に不堪の廉」とあり、自力での維持が困難であることを挙げている。

小田原では、元禄一六年（一七〇三）の元禄小田原大地震や宝永四年（一七〇七）の富士山噴火に伴う降灰をはじめ、天明二年（一七八二）・天保一四年（一八四三）・嘉永六年（一八五三）・安政元年（一八五四）にも地震による被害を受けるなど、度重なる自然災害の被災により藩財政は困窮を極めていた。そのため、大久保氏が藩主に復帰して以降の小田原藩では、城郭を改変するどころか維持管理が精一杯の状態だったのである。

廃城後、小田原城内の建物は払い下げられ、小田原城は明治六年からは陸軍省の管轄となった。その後、宮内省に売却され、城跡は明治三四年から御用邸として利用されることとなるが、大正一二年（一九二三）の関東大震災により御用邸は倒壊する。

以後は、学校・役所などとして利用されながらも、昭和一三年（一九三八）に国指定史跡となり、昭和二四年からは関東大震災で崩れた天守台石垣の復旧も始まった。

しかし、同じ年に御用米曲輪《ごようまいくるわ》に野球場が建設されるなど、国指定史跡にそぐわない活用も行われていた。翌二五年には「こども文化博覧会」が開催され、以後は博覧会開催に際して設けられた施設を用いた動物園・遊園地が城跡に存在することとなる。これ以降、小田原城は「ゾウのいるお城」として知られるようになり、村上春樹氏のベストセラー小説『ダンス・ダンス・ダンス』にも「お城の中に動物園のある町なんて小田原以外にはまずないだろう。」として登場する。

その後、昭和三五年（一九六〇）、天守閣が復興し、昭和四六年には常盤木門《ときわぎもん》が復元された。これを契機として本格的な史跡整備が進められ、現在の小田原城の景観が成立することになる。

戦国期小田原城に対する「小田原新城」

以上のような小田原城の改修履歴を見ると、およそ寛永一〇年（一六三三）からの震災復興工事により現在の小田原城の姿が成立したとみて間違いない。戦国時代に関東の首府であり、戦国大名北条氏の本城であった小田原城に対し、それはまさに新たな小田原城の誕生である。

小田原新城の完成

それまでの小田原城とは、場所も名称も同じであるが、その構造や役割は大きく異なっており、新・小田原城と呼ぶべき別城郭なのである。これが、本書で寛永一〇年の震災復興後の小田原城を「小田原新城」と呼称する大きな理由である。

前節でも述べたように、寛永一〇年以前にも小田原城では大久保氏により虎口などを中心とする局所的な改修は行われていたが、北条氏以来の城郭を大幅に改変するほどの規模ではなかった。

城下町についても、番城時代に揖斐政景により進められた可能性は残るものの、これまでの発掘調査では、明確な改変の痕跡は確認できていない。そのため、やはり稲葉氏時代における寛永小田原大地震の復興と将軍上洛に備えた改修が、戦国時代以来の小田原の景観に最も影響を与えた改変であったと言える。

ただし、これまでの発掘調査成果をみても、稲葉期の改修も城下全体の都市計画を再編するほどの規模ではなく、むしろ北条氏時代の町割りの大半は稲葉氏による改修以後も継承されている可能性が高い。この点は後でもう少し詳しく検証してみたい。

そして、稲葉氏転封後も小田原藩は度重なる自然災害による困窮から、台場新設以外に小田原新城の縄張《なわばり》・構造に大きな改変を加えることはなかった。そのため、現在の小田原城の姿は、寛永一〇年の改修工事によりほぼ完成したとみることができる。戦国期小田原城はマイナーチェンジを繰り返しながらも寛永一〇年までは継承され、寛永小田原大地震を期に小田原新城としてフルモデルチェンジされたのである。

城下町に残る戦国期の痕跡

では、稲葉氏による改修により、戦国都市小田原のどの部分が改変されたのであろうか。

文献史料から確認できる改変の痕跡は、前述の通りであるが、残念ながら考古学的にこれらの改修の痕跡が確認できた事例は乏しい。わずかに、稲葉氏改修以前の様子を描いたとされる「加藤図」で「大手口」と記された付近（御長屋跡第Ⅱ地点・本町遺跡第Ⅱ地点など）で道路と考えられる硬化面が確認されており、寛永一〇年（一六三三）の改修における「大手口」移設の可能性がうかがえる程度である。

改修痕の確認が限定的な背景には、周知の埋蔵文化財包蔵地（遺跡）の範囲と発掘調査の有無・多寡も関係していると思われるが、今のところ考古学的に改修の痕跡が確認されている事例は極めて限定的である。

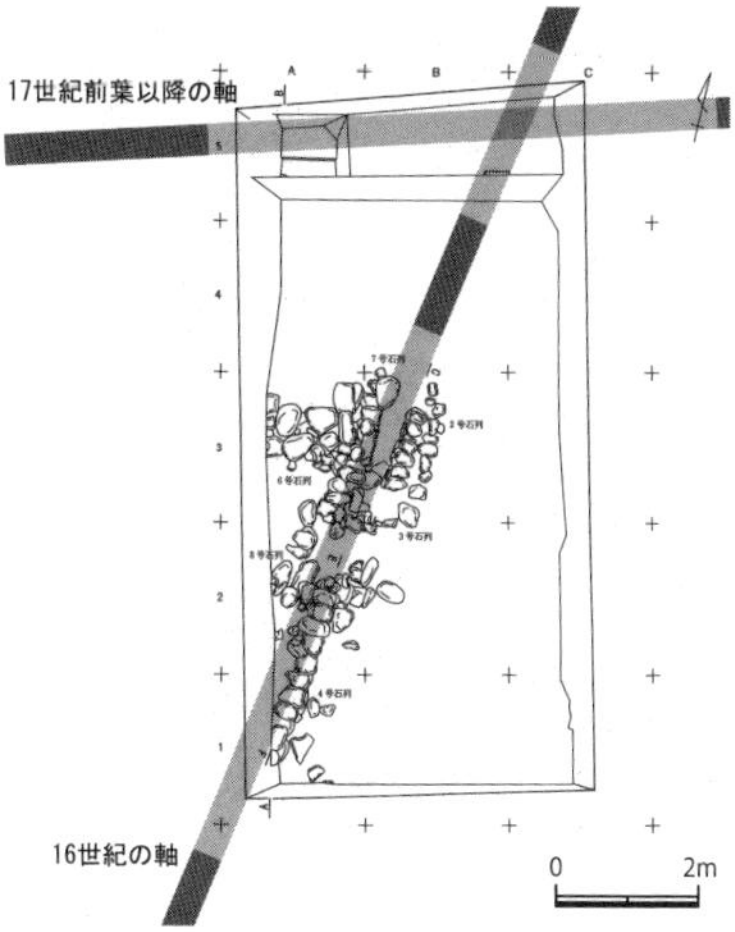

図９　中宿町遺跡第Ⅱ地点で確認された軸線のズレ（1/200）

その中では、中宿町遺跡第Ⅱ地点で一七世紀前葉を境に遺構の軸が正方位から南へ振れている様子が確認されている点は重要である（図９）。同様のことは中宿町遺跡第Ⅲ地点でも確認されており、この傾きは正方位から約二五～三〇度のズレであると指摘されている。近世小田原城下町の町割りについては、歴史地理学的にも正方位から二五度振れたプラン

図10　東海道筋に見られる東海道と町割りのズレ（建物前の空閑地）

であるとの分析結果が提示されている（小林一九九四）。

現在も東海道の系譜を引く国道1号筋には短冊形の長方形街区が残っているが、現地で観察すると東海道と街区とは直角ではなく、街区が正方位であるのに対し、東海道は傾いて接している。そのため、敷地前面には不必要な三角形の空閑地が生じることとなっており（図10）、意図的な街区とは考えにくい。

この状況こそが、まさに北条氏時代からの町割りを改変し、寛永一〇年に東海道のみを敷設し直したことにより生じた齟齬《そご》と考えられる。町割りを伴う改変は部分的であり、城下全体には及ばなかったために、このような状況が生じたのであろう。

残念ながら、今のところ東海道自体の遺構からこの改変の痕跡を指摘することはできていないが、東海道と同様の傾きを示す三の丸南堀の発掘調査では、この時の改変の状況が指摘し得る。

具体的には、三の丸南堀では稲葉期に構築された石垣を伴う堀が確認されている。特徴的なのは、稲葉期をさかのぼる大久保忠世・忠隣段階の大久保期の堀の痕跡が確認できていないことである。一方で、正方位南北方向に走る三の丸東堀では、忠世・忠隣段階の石垣や堀法面《のりめん》などが確認されている。そして、その堀は稲葉期の堀により壊されている。東堀では大久保期の堀があり、それを上書きして稲葉期の堀が構築されているが、南堀ではその痕跡が確認できないのである。

中宿町の発掘調査でも確認されていたように、正方位から軸線を異にするプランが稲葉氏以降のものであるとするならば、東海道と同じ軸線方向の三の丸南堀は寛永一〇年以降のプランと考えられよう。そうすると、小田原新城の三の丸南堀の位置・向きは、必然的に戦国期、忠世・忠隣の大久保期の堀とは異なることになる。三の丸南堀の発掘調査で稲葉期以前の堀の痕跡が確認できていない点は、まさに稲葉期の改修が東海道を中心とした場所で行われたことを意味し、正方位から二五〜三〇度のズレに新たな都市プランが現れていることを証明していよう。

このように、小田原城および城下の発掘調査地点は、点的で限定的なものが多いため、調査地点単体だけでは解り難い状況である。しかし、複数地点を比較検証することで、戦国期小田原城から小田原新城への変遷の痕跡をみることができる。

城下町を含めて小田原城郭

その一方で、一箇所だけ見ていては、遺構の変遷・切り合いが確認し難い分、城館部分だけでなく城下町を含めて広く検証していく作業が必要であり、戦国期小田原城の解明にとっては重要なのである。

小田原城は、天正一八年（一五九〇）の小田原合戦時には周囲九㎞におよぶ堀と土塁からなる総構（大構）により城館と城下町を囲郭した大城郭であった。総構については後で詳しく紹介するが、総構を小田原城の外郭線と捉えるならば、総構までを小田原城郭として評価する必要があろう。東海道や中宿町の軸線方向の変遷から三の丸堀の変遷が理解できたように、城下町部分の解明が戦国期小田原城の正体を確認する作業の切り札となることは間違いない。

ここで確認した戦国期小田原城に上書きされた小田原城の改修履歴、小田原新城の姿を踏まえ、具体的な戦国期小田原城と城下の様子に迫ってみよう。

二代氏綱による小田原整備

北条氏綱という人物

小田原の本拠化

小田原が伊勢（北条）氏の本拠地となるのは、二代氏綱《うじつな》以降である。氏綱は初代伊勢宗瑞《いせそうずい》の嫡男で、母は幕府奉公衆《ぶぎょうしゅう》であった小笠原正清《おがさわらまさきよ》の娘とされる南陽院殿《なんよういんでん》である。長享元年（一四八七）の生まれで、宗瑞が三二歳の時の子ということになるが、当時の宗瑞の行動・所在が不明瞭なために出生地は明確ではない。同じ年の四月、宗瑞は京都で将軍足利義尚《あしかがよしひさ》の申次衆として活動しているが、秋には駿河国に下向して一一月に小鹿範満《おしかのりみつ》を滅ぼしている。この宗瑞の行動履歴を見ると、京都あるいは駿府の生まれと考えられるが、身重な南陽院殿のことを思えば、京都生まれの公算が高いのではなかろうか。

前述の通り、宗瑞は小田原に進出して以降も韮山《にらやま》（静岡県伊豆の国市）を本拠としており、小田原には宗瑞の弟である弥次郎《やじろう》と氏綱が在城した。これにより、氏綱が小田原を本拠とする素地が成立する。

小田原の本拠化については、永正三年（一五〇六）に死去した母南陽院殿の菩提を弔う伝心庵《でんしんあん》が小田原に建立されていることから、永正三年の時点には進められていた可能性が高い。その一方で、永正一六年（一五一九）四月二八日付けで宗瑞が末子菊寿丸《きくじゅまる》へ宛てた「伊勢菊寿丸所領注文」では、小田原が菊寿丸に相続されている様子が確認できることから、氏綱への家督の継承がこの時期まで下がる可能性も指摘されている（黒田二〇一九）。しかし、永正一六年六月には雲見《くもみ》（静岡県松崎町）の高橋氏が、結肌《ゆわた》の儀・お産を高橋氏本拠の雲見と小田原のどちらで行うかを宗瑞から問われていることから、宗瑞にとっての小田原の重要性が高まっていたことがうかがえる。

これにより、宗瑞が亡くなる永正一六年八月一五日以前から、小田原を本拠地とする動きが存在したことは間違いない。そしてこれ以降、天正一八年（一五九〇）の小田原合戦に至るまで、小田原は北条氏の本拠地として位置づけられることになる。

小田原のインフラ整備

宗瑞の跡を継いだ氏綱は、本拠地小田原の整備を進めている。

小田原周辺では、大森氏が城主の段階に一〇ヶ寺が創建・存在しているのに対し、宗瑞段階（氏綱城代段階）から氏綱段階には新たに一六ヶ寺が創建されている。天文年間（一五三二～一五五五）には、松原明神社《まつばらみようじんしや》（小田原市本町）の遷宮・整理が行われており、氏綱が小田原を本拠と定めて以降、社寺の創建・整理が進められていることがわかる。

また、『東国紀行《とうごくきこう》』の天文一四年（一五四五）の記述から、三代北条氏康《うじやす》の屋敷に箱根芦ノ湖《あしのこ》の水が引かれていることが確認できる。この導水路が、後に「小田原用水（早川上水）」と呼称された上水道である。氏綱はこの四年前の天文一〇年（一五四一）に死去しているが、小田原用水が小田原の町の基幹である東海道に沿って流下し、城下の各町々に分水するようになっていたことから（中野一九六八）、複雑な流下勾配が考慮されていることがわかる。

発掘調査成果からも、東海道（国道一号）沿いでは、西から東へと人為的に勾配を付けた盛土《もりど》造成が行われていることが確認されている。このような事例から、小田原用水の敷設は、小田原の都市整備初期の段階に行われたと考えることが妥当であろう。そのように考えると、小田原用水は氏綱が小田原を本拠とした永正一五年（一五一八）に近い時期に敷設された可能性が高く、氏綱によるインフラ整備のひとつとして評価できる。

都市景観を形成することとなる氏綱のインフラ整備の痕跡については、本書「発掘調査でよみがえる戦国期小田原城」の章で改めて触れてみたい。

氏綱の施策

他方、氏綱は小田原のインフラ整備とともに、領国統治に向けても様々な施策を進めている。これらの施策の推進により、北条氏の領国支配の基礎が築かれたと評価され、そのうちのいくつかからは、氏綱の志向性や考え方を知ることができる。

その代表事例が有力社寺の造営事業である。氏綱は、大永元年（一五二一）に父宗瑞のために箱根湯本（神奈川県箱根町）に早雲寺《そううんじ》を建立し、翌二年には相模国一宮寒川《いちのみやさむかわ》神社宝《ほう》殿《でん》（同寒川町）、同三年には箱根権現《はこねごんげん》宝殿（同箱根町）、続いて六所《ろくしょ》神社（同大磯町）・伊豆《いず》山権現《さんごんげん》（静岡県熱海市）、同六年からは伊豆国一宮である三嶋《みしま》神社（同三島市）の造営に着手している。そして、天文元年（一五三二）からは鶴岡八幡宮《つるがおかはちまんぐう》（神奈川県鎌倉市）の造営を開始し、この鶴岡八幡宮造営事業は次代の三代氏康の代となった天文一三年まで行われることとなる。前述の一六ヶ寺の創建、天文年間（一五三二〜一五五五）における松原明神社の再編も、こうした社寺造営事業の一環として評価することができよう。

そしてこれら事業推進により、京都・上方《かみがた》などの先進地域から、優れた文化・技術が関東へともたらされることとなった。この点については、後で詳しく触れたい。

このような造営事業は、神社仏閣の庇護者としての立場を主張することで政治的権威を確立しようと努めた方策と考えられており、宗瑞が定めたと伝えられる「早雲寺殿《そううんじどの》廿一《にじゅういっ》箇条《かじょう》」の一条目として「第一、仏神を信し申へき事」として示された北条家家訓の一端が現われているものとも言える。

権威の確立

氏綱は、「相模国主」「相州太守」を名乗り、大永三年（一五二三）には、名字も「伊勢」から「北条」へと改めている。この時、相模には守護職を継承する扇谷上杉《おうぎがやつうえすぎ》氏が健在であり、伊豆より相模に侵攻した北条氏は、「他国之凶徒」とも称される他所者であった（上杉家文書、大永五年三月二三日付け上杉朝興書状）。そのため、「相模国主」「相州太守」の名目は、相模統治の正当性を主張したい北条氏にとっては必要不可欠な肩書きであり、「豆州」として伊豆国主と認識されていた宗瑞についても「相州故太守」と表現することによって、前代からの相模との縁を主張している。

同様に、北条改称についても前代の鎌倉幕府執権《しっけん》北条氏を引き合いに出すことで、関東管領山内上杉《かんれいやまのうちうえすぎ》氏に対抗するための大義名分を主張することが主たる目的であったとされる。当時の関東府ナンバー2である関東管領山内上杉氏に対し、鎌倉時代の日本のナンバー2である執権北条氏の名跡を主張することで、相模支配の正当性を示したのである。

さらに、天文七年（一五三八）には、本来は室町幕府に任命権があり、すでに山内上杉氏が勤めていた関東管領職を古河公方足利晴氏《こがくぼうあしかがはるうじ》により補任されている。そして翌八年には氏綱の娘が足利晴氏に入嫁し、関東公方足利氏の一族としての地位をも獲得している。

このように氏綱は、自らを関東における身分秩序の中に位置づけることにより、東国武家社会における地位を獲得しようと試みている。

関東管領職については、後に三代氏康が上杉謙信との越相同盟締結を進めた際の重要な折衝項目にもなっており、「北条」との名字についても、お互いが同盟締結を期に伊勢から北条、長尾《ながお》から山内（上杉）へと呼び名を変更している様子からも、その重要性をうかがうことができる。このことから、関東管領および名字呼称が権威を示す重要な要素として認識されていたことは間違いない。

結果、氏綱は以上のような肩書きを権威とすることで「他国之凶徒」としての評価を払拭し、関東における立場を確立することに成功したのである。

文化都市、小田原

京都との関係

同様の施策は京都・上方に向けても行われ、享禄三年（一五三〇）には左京大夫《さきょうのだいぶ》に任官されている。この頃、周辺諸国を見ると相模守護扇谷上杉氏が修理大夫《しゅりのだいぶ》、甲斐の武田氏が左京大夫、駿河今川氏が治部大夫《じぶのだいぶ》であった。

左京大夫は、京職の長官として本来は管領細川《ほそかわ》家の右京大夫《うきょうのだいぶ》に対して足利氏一門の侍所頭人《さむらいどころとうにん》の称号を意味するものであった。それが、戦国期に入ると各地の諸侯が左京大夫を求めるようになり、永正一四年（一五一七）から永禄一一年（一五六八）までの五〇年間では、実に一六人の左京大夫が生まれている。このことからも左京大夫が、戦国大名のステータスシンボルとしての意味合いの強い官職であったことが推察され、左京大夫獲得の重要性がうかがわれる（今谷二〇〇一）。

氏綱による左京大夫の獲得は、既に左京大夫を称していた武田信虎《のぶとら》、修理大夫を称した上杉朝興《ともおき》などと比肩すべき政治的位置づけとステータスの獲得を目的としたものに他ならず、これにより北条氏は朝廷秩序の中にその家格を位置づけることができたということになろう。これ以後、北条家では当主が左京大夫、隠居が相模守を名乗るようになる。

さらに氏綱は、左京大夫任官と同じ頃に幕府相伴衆《しょうばんしゅう》にも列せられており、これにより朝廷・室町幕府の身分秩序の中に自らを位置づけたことになる。これに、前述の関東における関東管領職を加え、氏綱は関東・朝廷・室町幕府それぞれの世界の身分秩序の中に自らを位置づけることに成功したのである。

氏綱は、北条名字・相模国主を称し、関東管領職・左京大夫・相模守・相伴衆などの官職を得ることによって、旧体制における肩書きを自らの家格に補っていった。守護大名家としての系譜を持たないため、新興勢力と評される北条氏ではあるが、このような施策を行っていた痕跡をみると、実際には旧来の秩序に則った領国経営を志向していたものとみることができる。

これらの権威を威信とし、氏綱は関東における領国支配の正統性を主張していったのである。この後、氏綱が獲得した肩書きに裏打ちされた権威・威信が、北条氏の領国経営を大いに支えることになる。

人々の来原

権威・威信の獲得以外にも、氏綱は京都・上方との交流を重視していた。関白近衛尚通《このえひさみち》が記した『後法成寺関白記《ごほうじょうじかんぱくき》』、内大臣三条西実隆《さんじょうにしさねたか》の『実隆公記《さねたかこうき》』には、氏綱と尚通・実隆が、外郎《ういろう》家被官とされる宇野藤右衛門定治などを介して幾度となく往来を重ねていた様子が記されている。

これらの往来からも分かるように、北条氏は小田原に居住する外郎宇野家と京都外郎家との関係なども利用し、公家や将軍家、幕府重臣や文化人との交流を図っていた。

また、氏綱は享禄元年（一五二八）には、近衛尚通の娘を後妻に迎えている。この女性は「北の藤」と称された人物で、近衛稙家《たねいえ》の姉に該当する人物とされる。これも北条家が関白家と婚姻関係を結べるほどの家格であることを示し、貴種の血筋を北条氏に入れようとするための施策と考えられる。北条氏と近衛家との関係としては、『新編相模国風土記稿《しんぺんさがみのくにふどきこう》』に小田原市板橋の妙安寺《みょうあんじ》に近衛政家《まさいえ》・近衛尚通・氏政内室母の墓と伝えられる墳墓三基があったとの記載がある。妙安寺は、現在神奈川県二宮町に移転しているが、現妙安寺境内には近衛家のものとされる三基の根府川石製供養碑が存在する。関白近衛家と小田原との関係の深さを知ることができる事例である。

この他、前述の神社仏閣の改修工事の推進の中で実施した鶴岡八幡宮造営工事も、同様の権威・威信獲得行為であるとともに、人の移動を考える事例として理解できる。

鶴岡八幡宮が源《みなもとの》頼朝《よりとも》以来の東国武家社会のシンボルであることは周知のことであり、北条氏の威信を示す事業対象としてはこの上ないものであったと言える。鶴岡八幡宮の造営に際し、氏綱は近衛尚通などとのパイプを駆使し、各地から多くの職人を動員して造営工事を行っている（『快元僧都記』）。番匠《ばんじよう》は奈良・京大工を中心に鎌倉・伊豆・玉縄（神奈川県鎌倉市）などから動員され、石切《いしきり》は伊豆・小田原大窪から、塗師《ぬし》は奈良、絵師は伊勢、檜皮師《ひわだし》は遠江などから呼び寄せており、職人の中には以後も小田原に留まる者も現れた。そして、これらの職人の存在が新たな文化・技術を小田原において開花させる素地を作った。彼らは、後に「小田原物《おだわらもの》」と呼ばれる小田原産の優品、小田原で製作されたということがステータスとなるような優れた文物を作成する。

この他にも、宗長《そうちよう》・宗牧《そうぼく》などの連歌師《れんがし》や飛鳥井雅綱《あすかいまさつな》・重雅《しげまさ》などの文人公家、さらには伊勢《いせ》氏・大和《やまと》氏などの室町幕府幕臣が小田原を訪れている。また、多くの医師も小田原へと下向してきており、確認できるだけでも錦小路盛直・田村長伝・松井法眼・半井明英・半井光成・南条宗虎・牧庵などがいる（森一九九七・一九九八）。恐らく、史料上では確認できない小田原への来訪者は数多く存在することであろう。

このような人物が有する技術や知識により、小田原は関東では希有の文化都市としての立場を確立するに至る。

優品の入手と所持

さらに氏綱は、このような公家衆とのやり取りや幕府中枢との繋がりの中で、多くの文物を上方から小田原へと持ち込んでいる。表1にも見られる狩野元信《かのうもとのぶ》筆の『酒伝童子《しゅてんどうじ》絵巻《えまき》』（国重要文化財）を制作させたことはその代表例であり、永正三年（一五〇六）までは京都にあったことが確実な『後三年合戦《ごさんねんかっせん》絵巻《えまき》』（国宝）を入手していることなどもその最たるものである。

また、大永四・同五年（一五二四・一五二五）には宋元画人の中で、最高位の評価が与えられていた牧渓《もっけい》の絵を長尾為景《ためかげ》に送っている。この時、氏綱は為景に牧渓の絵を送ったものの、それを不服とされたために翌年送り直している。大永五年に贈った牧渓の「寒山《かんざん》二幅一対《にふくいっつい》」は「前ニ御物之由」と記された東山御物《ひがしやまごもつ》であることから、上方より持ち込まれた品物であることは間違いない。

他にも氏綱は、享禄四年（一五三一）には宗長に『源氏物語《げんじものがたり》』の入手を所望し、三条西実隆には『源氏物語』「桐壺巻《きりつぼのまき》」の書写を依頼している（表1）。さらに、やはり東山御物であった玉磵《ぎょっかん》筆の「遠浦帰帆図《えんぽきはんず》」（国重要文化財）なども、北条氏所持を伝える作品であり、表1からは北条氏の財力と上方とのコネクションの強さを知ることができる。

これらの文物は、その所持者の系譜を見ると、北条氏が入手する前、あるいは北条氏の手を離れて以降も権力者に所持されるステータスシンボルであったことがうかがわれ、

「威信財」としての性格を持ち合わせた品物であったとみることができよう。

また一方で、北条氏は優品入手によるステータスの獲得のみではなく、下野足利の足利学校（栃木県足利市）に朱印状を与えてその存続を庇護するなど、学問にも高い関心を寄せている。奥書から宗瑞が糾明し、足利学校で校訂を付け、京の壬生雅久《みぶまさひさ》に加点を依頼したことがわかる今川本『太平記《たいへいき》』は著名であり、宗瑞末子の宗哲《そうてつ》（菊寿丸、幻庵）が娘の輿入れに際して『太平記』を書写し、仮名を付けて贈っている事象も確認できる。これらの事象から、『太平記』は北条氏一門の教養書のひとつであったとも評価されている（岩崎一九九八）。

他にも『吾妻鏡《あずまかがみ》』を秘蔵していたことが知られ、永禄三年（一五六〇）には氏康・氏政が足利学校第七代庠主九華瑞璵《しょうしゆきゅうかずいよ》から『三略《さんりゃく》』の講義を受け、金沢文庫旧蔵の「宋刊《そうかん》文選《もんぜん》」を送られている。このようなことから、北条氏は単なるステータスの獲得を目的とした物欲による文物の収集だけでなく、文化・知識の移入をも目的とした収集活動を行っていたと考えることができる。

このように、北条氏は京・上方を中心に各地から優れた文化・文物を積極的に取り入れている。それは、北条氏が目指す家格の向上、権威・威信の獲得を試みる手段のひとつでもあった。北条氏はこれらを論功行賞《ろんこうこうしょう》や贈答品などとして用いながら、領国支配・外交

<table>
<tr><th>制作年</th><th colspan="4">履　歴</th><th>現　蔵</th></tr>
<tr><td></td><td>今川義元</td><td rowspan="17">小田原北条氏</td><td>豊臣秀吉</td><td rowspan="5">豊臣秀吉</td><td>徳川美術館</td></tr>
<tr><td>淳熙五年（1178）</td><td rowspan="3">寿福寺</td><td rowspan="6">早雲寺</td><td>ボストン美術館・大徳寺・フリーア美術館</td></tr>
<tr><td></td><td rowspan="3">大徳寺</td></tr>
<tr><td>正安元年（1299）頃</td></tr>
<tr><td>嘉定11年（1218）
咸淳元年（1265）
正応元年（1288）</td><td>建長寺</td></tr>
<tr><td>大永八年（1528）</td><td>極楽寺</td><td></td><td>神奈川県立金沢文庫</td></tr>
<tr><td>明代</td><td></td><td></td><td>早雲寺</td></tr>
<tr><td></td><td>金沢文庫</td><td colspan="2">九華瑞興</td><td>足利学校遺跡図書館</td></tr>
<tr><td></td><td></td><td rowspan="2">黒田如水</td><td>徳川幕府</td><td>国立公文書館</td></tr>
<tr><td></td><td>日光権現</td><td>黒田家</td><td>福岡市立美術館</td></tr>
<tr><td></td><td></td><td></td><td></td><td>陽明文庫</td></tr>
<tr><td></td><td></td><td colspan="2">大長寺</td><td>大長寺</td></tr>
<tr><td>大永２年</td><td></td><td rowspan="2">督姫</td><td rowspan="2">池田輝政</td><td>サントリー美術館</td></tr>
<tr><td>貞和３年</td><td>宮中</td><td>東京国立博物館</td></tr>
<tr><td>天正13～14年</td><td></td><td></td><td></td><td>薄薬師堂</td></tr>
<tr><td></td><td></td><td></td><td></td><td></td></tr>
<tr><td></td><td>東山御物</td><td>長尾為景</td><td></td><td></td></tr>
</table>

表1　北条氏所有が確認できる文物

資料名	作　者
「遠浦帰帆」	僧玉澗
『五百羅漢図』	林庭珪 周季常
『十王図』	陸信仲
『十六羅漢図』	一山一寧
「三祖師（運庵普巌・虚堂智愚・南浦紹明）像」	
『阿毘達磨大毘婆沙論』	
文台硯箱	
宋版『文選』	
北条氏本『吾妻鏡』	
「日光一文字」	
今川本『太平記』	
「倶利伽藍龍図」	
「酒天童子絵巻」	狩野元信
「後三年合戦絵詞」	飛騨守惟久
十二神像	法院康清
『和尚絵』	牧渓
「寒山二幅一対」	牧渓

交渉などを行っていたのである。他の大名家においても同様のケースは存在すると思われるが、北条氏の場合は文献史料だけでなく、実際に品物が現存し、その動きがわかるため、使われ方や伝世経路が確認できることが重要である。

この他、瀬戸・美濃窯の後Ⅳ新から大窯1段階（一五世紀末〜一六世紀初頭）の陶器出土量の増加、関東では希有である京都系手づくね成形かわらけの出土なども（図11）、氏綱段階における小田原都市化の一端を示す事象とみることができる。

特に手づくね成形のかわらけは、関東地方が伝統的にロクロ成形（右回転）のかわらけ

図11　御用米曲輪下層出土の手づくね成形かわらけ

を用いる地域である中で、小田原で一六世紀第2四半期に突如として登場するものである。これは、氏綱による文化移入施策の一環として導入されたものと考えられ、これ以降、手づくね成形かわらけは北条領国内の支城の主要曲輪や宗教施設などでわずかに出土するようになる（服部一九九九）。

また、手づくね成形のかわらけを模倣したロクロ左回転で成形されたかわらけもこの頃に登場し、手づくねかわらけの導入とともに新たに来訪したかわらけ職人により製作されたものと評価される。

かわらけについては、本書「戦国大名としての北条氏」の章でも述べるが、儀式・宴席で用いられる重要なアイテムであり、かわらけの一括大量出土は、その場が武家儀礼を行う重要な

図12　御用米曲輪下層のかわらけ一括廃棄土坑

空間であったことを示している（図12）。そのような中でも、手づくね成形・ロクロ左回転成形のかわらけは、北条領国においては特別な出土状況を示し、小田原のかわらけ、「小田原物」として認識されていた可能性が高い。そのために領国内における出土状況は特徴的で、大切に用いられていた可能性が指摘でき、北条領国で出土する金箔が押されたかわらけも、その素地が手づくね成形かロクロ左回転で成形されたかわらけに限定されている状況も、特殊品としての評価を裏付けるものと思われる。

中国との関係

次に、小田原と中国との関係についても

触れておきたい。

近世小田原城下には、「唐人町《とうじんちょう》」と呼ばれた町があり、現在でも「唐人町」の名は旧町名として伝えられ、交差点名・バス停名として用いられている。

慶長一二年（一六〇七）に朝鮮通信副使として来日した慶七松が記した『慶七松海槎録《けいしちしょうかいさろく》』には、小田原大蓮寺《だいれんじ》に宿泊した際、葉七官という唐人が尋ねてきて「係是福建人、嘉靖年間（一五二二～六七）、同船五十人余人、漂到此処、三十余人、則年前帰本土、只有我們十余人、仍住此去五里許地、有妻生子、契活已定、今難遷動、倭人名其所住之処曰唐人村云々」と述べたとある。これにより、漂着した中国船の乗組員五十数人の内、三〇人余りが中国に帰国し、十数名が小田原に居住したことがわかる。

同様の記述は、『北条記《ほうじょうき》』に永禄九年（一五六六）の春、「三浦三崎の浦へ唐人着船、錦繍の織物・種々の焼物・沈香・麝香・珊瑚珠・琥珀の珠、あらゆる売物持来る、其比関東富貴にて、悉く諸人買収、売買の利を得て、唐人帰国しける、其中に唐人数多、か丶る目出度処にこそ住へけれとて、不帰国而当所に留り、小田原に各住、町屋を給り商人となる、今も其子孫数多小田原在とかや」とあり、やはり中国人が訪れ、小田原に居住した様子がわかる。いずれも後世の史料ではあるが、年時もほぼ一致し、内容に共通性があることから、同様の事象が歴史事実として発生していた可能性は高いと考えられよう。

弘治年間（一五五五〜五七）には、唐人一一人が陸奥白河城《むつしらかわ》（福島県白河市）の白川晴綱《しらかわはるつな》と玉縄《たまなわ》城主北条綱成《つなしげ》との間を往復していることから、外郎氏（宇野氏）と同様に北条氏の下で一定の役割を担う唐人が存在していたことがうかがえる。

一方で、伝世品の中には、北条氏政所用と伝える早雲寺所蔵の文台硯箱のように、明代に江南地方で作成されたものも伝わっている。文献史料からも、北条氏が永禄八年（一五六五）に本光寺《ほんこうじ》（旧地は小田原市城内）に「唐碗一流」などを寄進した事象や、同一〇年（一五六七）に氏康が香林寺（小田原市板橋）に「唐之磬・同鈴・唐茶壺」などを寄進した事象を確認することができる。「唐」とあることから、これらは中国・朝鮮からの舶載品と考えられ、永禄元年（一五五八）に足利義氏が北条氏康邸を訪れた御成の様子も記されている「鶴岡八幡宮社参記《つるがおかはちまんぐうしゃさんき》」に見られる装飾品にも、「烏盞之茶碗並台堆紅作青磁ノ龍物」など、舶載品と考えられる品を確認することができる。

そして、発掘調査においても、中国で生産された陶磁器が小田原城周辺では多数出土している。これらの品が、どのような経緯で小田原へともたらされたかについて確認し得る史料は少ないが、このような伝世品や残された文献史料の記述から、多くの渡来製品が小田原へと持ち込まれていたことは間違いない。

なお、ここで紹介した唐人の漂着にまつわる記述や「唐人町」の存在などは、三代北条氏康の段階以降の事象であるが、それ以前から小田原近海に貿易船が訪れていた可能性は十分に考えられる。親鸞《しんらん》との由緒を伝える小田原市国府津の真楽寺《しんらくじ》の「帰命石《きみようせき》」は、「唐船の積石」（碇石？　バラスト？）と伝えられており、鎌倉時代に小田原近海に唐船が現れていたことを物語っている。残念ながら、「帰命石」は帰命堂の下に埋められており、見ることはできないが、同様に「唐船の積石」と伝わる石は、市内田島の玉泉寺《ぎよくせんじ》にも伝来している。

相模府中としての小田原

こうして小田原は北条氏の本拠地としての要素を備え、相模国随一、関東随一の都市として発展していく。では、それまでの相模国の拠点である国府・府中、あるいは相模守護の所在地はどのような系譜をたどってきたのであろうか。

相模国の中心地

現在、相模国府は、平塚（神奈川県平塚市）から大磯（神奈川県大磯町）へと変遷したとの考えが主流である。源頼朝が、治承四年（一一八〇）一〇月二三日に大磯国府で挙兵以来の論功行賞を行った記載が『吾妻鏡』にあるため、この頃までは大磯国府が健在であり、機能していたことが推察される。しかし、大磯を主要舞台のひとつとし、一四世紀に成立したとされる真名本《まなぼん》『曽我物語《そがものがたり》』では大磯に国府が所在する形跡はうかがえず、次第に相模国の中心は幕府所在地である鎌倉へと移ったと考えられる。

一方、相模の守護職は、鎌倉幕府滅亡後は三浦《みうら》氏・河越《かわごえ》氏などの補任が確認できるが、応永二八年（一四二一）には上杉定頼《さだより》（扇谷上杉持朝名代）、文安五年（一四四八）までには扇谷上杉持朝《もちとも》が獲得し、糟屋荘《かすやのしょう》を本拠地としたとされる。扇谷上杉氏館とされる糟屋館の所在地は、神奈川県伊勢原市内に比定されている。その占地については、今のところ大きく二説あり、御伊勢森《おいせのもり》遺跡周辺（伊勢原市上糟屋）もしくは丸山《まるやま》城周辺（伊勢原市下糟屋）に位置していたのではないかと考えられている。

それぞれの候補地では発掘調査も行われており、御伊勢森遺跡では二間×三間の建物跡や堀が検出され、一四世紀から一五世紀を中心とした遺物が出土している。また、丸山城に近接する成瀬第二地区遺跡群の調査では、遺跡南側に所在する普済禅寺《ふさいぜんじ》に関連すると考えられる中世墓群や溝により方形に区画された空間に存在する多数の建物跡、かわらけ焼成遺構などが検出されている。ここでは、三五一枚の一括出土銭や青磁碗・白磁瓶子・古瀬戸製品などの遺物も出土しており、やはり一四世紀から一五世紀の遺跡である。

なお、この他に伊勢原市内では、近年第二東名高速道路建設工事に伴う大規模な発掘調査が行われ、大規模な中世遺跡群が確認されている。その内、西富岡《にしとみおか》・向畑《むこうばた》遺跡では、掘立柱建物跡や竪穴建物、地下式坑・井戸・道路状遺構などの多数の遺構が確認されており、伊勢原市No.123遺跡では大型の掘立柱建物跡や馬屋跡を伴う武家地と想定される空間が確認されている。子易《こやす》・中河原《なかがわら》遺跡では、阿弥陀堂とも想定される寺院跡や苑地、墳墓堂や集石墓なども確認されている。これらの遺跡は、わずか二・五kmほどの範囲に展開しており、この場所に大規模な中世遺跡が展開していることは間違いない。

残念ながら、今のところほとんどが未報告であるため、遺跡の詳細は定かではない。しかし、管見の限り、遺跡の中心は一四世紀以前と見られ、扇谷上杉氏関連の守護所に関連する遺跡とするよりも少し古い印象を受ける。詳細は今後の成果の公表を待ちたい。

相模守護の所在地

相模国守護の所在地は、宝徳二年（一四五〇）以降、糟屋から七沢（厚木市七沢）へ、そして長享二年（一四八八）には大庭《おおば》城（藤沢市大庭）へと移転していたと考えられており、それら各所は実田《さなだ》城（平塚市真田）・岡崎《おかざき》城（伊勢原市岡崎）とともに扇谷上杉氏の相模支配における重要拠点であったと評価されている（齋藤二〇〇四）。

その頃の小田原は、明応五年（一四九六）に小田原城と想定される「要害」が山内上杉氏により自落に追い込まれたことで「西郡一変」との事態が生じたことから（小田原城天守閣所蔵、七月二四日　山内上杉顕定書状）、扇谷上杉氏の拠点としての重要性を帯びた場であったと考えられる。扇谷上杉氏は、糟屋から七沢、大庭へと本拠を移すが、移動後も糟屋・七沢などは実田・岡崎・小田原などとともに相模国支配の拠点として機能していたのである。小田原は、守護館が所在する場所ではなかったが、扇谷上杉氏の重要拠点のひとつとして位置づけられる。

守護としての氏綱・相模府中としての小田原

その一方で、氏綱に対し、相模守護との認識が存在したことも確認できる。それは、寶戒寺《ほうかいじ》（神奈川県鎌倉市）の「寶戒寺結縁灌頂録《ほうかいじけちえんかんじょうろく》」にある「圓頓《えんどん》寶戒寺結縁灌頂録」の記述からうかがえる。

永正十四年（一五一七）の「圓頓寶戒寺結縁灌頂録」までは、関東公方（足利政氏）・上杉憲房《のりふさ》（関東管領）に続き、奉為者末尾には相模守護として上杉建芳《けんぽう》（朝良）が記されていた。それが、大永五年（一五二五）から享禄四年（一五三一）までに比定される「圓頓寶戒寺結縁灌頂録」では、北条氏綱の名が記されるようになっている。つまり、寶戒寺の僧をして、北条氏綱が事実上の相模守護として認識されるようになっていたものと考えられる。

そのように考えると、守護として認識される北条氏綱が居城する小田原城は、守護館・守護所と評価でき、氏綱が家督を継承して間もなく小田原は実質的な相模守護、相模国の主の所在地と評価されるに至ったと評価できよう。

一方で、小川信氏は「守護所というものは、府中とは異なり、領域ではなくて館ないし役所であった。」と述べており、守護所は府中もしくは府中以外の場所に置かれる「所」であると指摘する（小川二〇〇一）。つまり、守護館所在地と府中とは異なるものであり、相模の守護館の系譜が示すように、守護館は必ずしも古代以来の国府を継承する府中に所在するものではないということである。

伊勢（北条）氏進出後の小田原について見てみると、小田原は実質的な守護と認識された北条氏綱の本拠地であるため、守護館所在地として評価できよう。その上で、小田原は『明叔録《みんしゆくろく》』では南禅寺《なんぜんじ》の僧をして「相模府中」「府中小田原」と記され、北条氏康自身も「相府」と称している（北条氏康条書）。このことから、小田原は守護館所在地、守護町としてだけではなく、相模府中を志向した都市であったことがわかる。

府中とは、まさにその国のナンバー1、オンリー1の都市であり、伊勢（北条）氏の本拠となった小田原は、氏綱による権威・威信の獲得、インフラ整備による都市基盤の整備、人やモノの移入による文化力の向上などにより、相模国あるいは関東地方において頭ひとつ飛び出した都市として台頭しつつあった。

氏綱により、ナンバー1、オンリー1としての小田原が創生されたのである。

考古学の役割

しかし、ここで確認し得た点は、氏綱の施策から垣間見た小田原が内包する内面的な要素に過ぎず、実質的な小田原城の姿、あるいは小田原の都市景観が確認できたわけではない。その背景には、直接的に小田原の景観を示す文献史料が乏しいという大きな要因があることは言うまでもない。

この点についてはこれまでにも触れてきたが、文献史料の乏しさを大きく補うのが考古資料である。考古資料とは、考古学的な手法による発掘調査により得られた遺物・遺構を中心とした資料のことである。

かつて、石井進氏は考古資料について、「もちろん考古資料は文献史料に比べて極めて無口であり、その資料にいかに過去の中世を語り出させるか、また少数でも非常に雄弁な文献史料のおしゃべりといかに調和させるか、問題は数多く、その解決はなかなか簡単ではない。」と述べられている。しかし、石井氏はそのような状況の中で、「日本の中世史学界が活性化した大きな理由の一つは、間違いなく考古学の成果の導入」にあったと評しているように（石井一九九七）、文献史料として残らないこと、確認し得ないことの解明こそが考古学の活躍の場なのである。

そこで次章では、まずは少ないながらも残る文献史料や絵図などを頼りに、雄弁に戦国期の小田原城および城下について語ってもらうこととする。そして、文献史料だけでは確認し得ない部分については、無口な考古資料にお出まし頂くことにしたい。

小田原における発掘調査は、調査面積の少ない点的なものがほとんどであり、全体像を確認し得る事例は少ない。しかし、点を線とし、線を面とし、あるいは他地域と比較・検証することで、戦国期の小田原城およびその城下の様子を考古資料から聞き出したい。

記された戦国期の小田原

戦国期小田原城の描写

まずは、文字史料や絵画資料として残る戦国期小田原城の様子を確認しておこう。本書冒頭で触れた『貞山治家記録《ていざんじけきろく》』にある伊達政宗《だてまさむね》のコメントのほか、最も小田原の都市景観を示す史料として取りあげられるのが、天文二〇年（一五五一）に南禅寺《なんぜんじ》の僧、東嶺智旺《とうれいちおう》が『明叔録《みんしゆくろく》』に記した以下の一文である。前に一部を取り上げたが、もう少し詳細に見てみよう。

禅僧の見た小田原

相模府中之風俗太概

（前略）従湯下早雲寺而可一里、到府中小田原、町小路数万間地無一塵、東南海也、海水遶小田原麓也、太守塁、喬木森丶、高館巨麗、三方有大池焉、池水湛丶、浅深不可量也、白鳥其外水鳥翼丶然也、（後略）

文意を要約すると、湯本の早雲寺《そううんじ》（箱根町）より一里、府中小田原に至る。その町には整然と塵一つない小路が整い、東南には町の麓まで海が広がっている。太守《たいしゅ》（北条氏康）の館には高木が生い茂り、城郭は巨麗にして三方を大池に囲まれており、池水の深さは測りかねる、との内容になろうか。

現在、早雲寺から小田原城までは約六㎞。地理的にも小田原の町の東南に海が広がっている様子は一致している。また、後の小田原城の縄張《なわばり》から考えると、ここに記された「三方有大池焉」とは、小田原新城の本丸が位置する八幡山《はちまんやま》丘陵先端部と、その麓の二の丸を囲む蓮池を含む小田原新城二の丸堀に該当するものと思われる。

また、「町小路数万間」との記述についても、寛永九年（一六三二）までに描かれたと評価されている「相州小田原古絵図《そうしゅうおだわらこえず》」（図8）の描写や、現在も確認できる正方位に走る道路の存在から想定することができる。

これらのことから、どうやら『明叔録』の記載は、戦国期の小田原の景観を考えるうえでも参考になりそうであり、現在の小田原の町とも共通するところが多い。

この他、『明叔録』以外で小田原城および小田原城の景観を示す史料を管見すると、小田原合戦以降、江戸時代に入ってからのものが大半である。その代表例が、『北条記《ほうじょうき》』『北条五代記《ほうじょうごだいき》』『関八州古戦録《かんはっしゅうこせんろく》』などの軍記物類であり、同時代性が乏しいことから、その史料的信憑性についてはワンランク下げて考える必要がある。

仕寄陣取図にみる小田原城

次に戦国期小田原城の姿を探るヒントとなるのが、小田原合戦の際に豊臣方が描いた「小田原《おだわら》陣《じん》仕寄《しより》陣取《じんとり》図《ず》」「小田原《おだわら》城《じょう》仕寄《しより》陣取《じんとり》図《ず》」（いずれも毛利家文書、山口県文書館所蔵）であろう。山口県文書館には一〇種類一三点の小田原合戦関係絵図が所蔵されており、そのうち三種類六点が小田原城攻囲の様子を描いたものである（鳥居一九九〇）。以下で三種のトレース図を紹介したい。なお、図の小田原城に関する記載内容を特出して示すため、図16については小田原城部分のみを取りあげる。

（1）「小田原陣仕寄陣取図」

図13の「小田原陣仕寄陣取図」は、秀吉が小田原攻囲を開始してまもなく、四月四日〜二六日の間の様子を描いたものと考えられているものである。総構《そうがまえ》（大構）に囲まれた小田原の外側に、豊臣方の軍勢が柵列を配して攻囲している様子が描かれている。南側を海、東西は酒匂川《さかわがわ》（東側）と早川《はやかわ》（西側）により区画し、その中に小田原城を描く。

この図は、貼り合わせの際に錯簡《さっかん》が生じており、当初とは異なる描写となっているとの指摘がある（岡潔氏のご教示による）。毛利家文書中にある近世段階の本図の写しも図13と同じ描写であることから、錯簡は絵図作成後間もなく生じたのであろう。

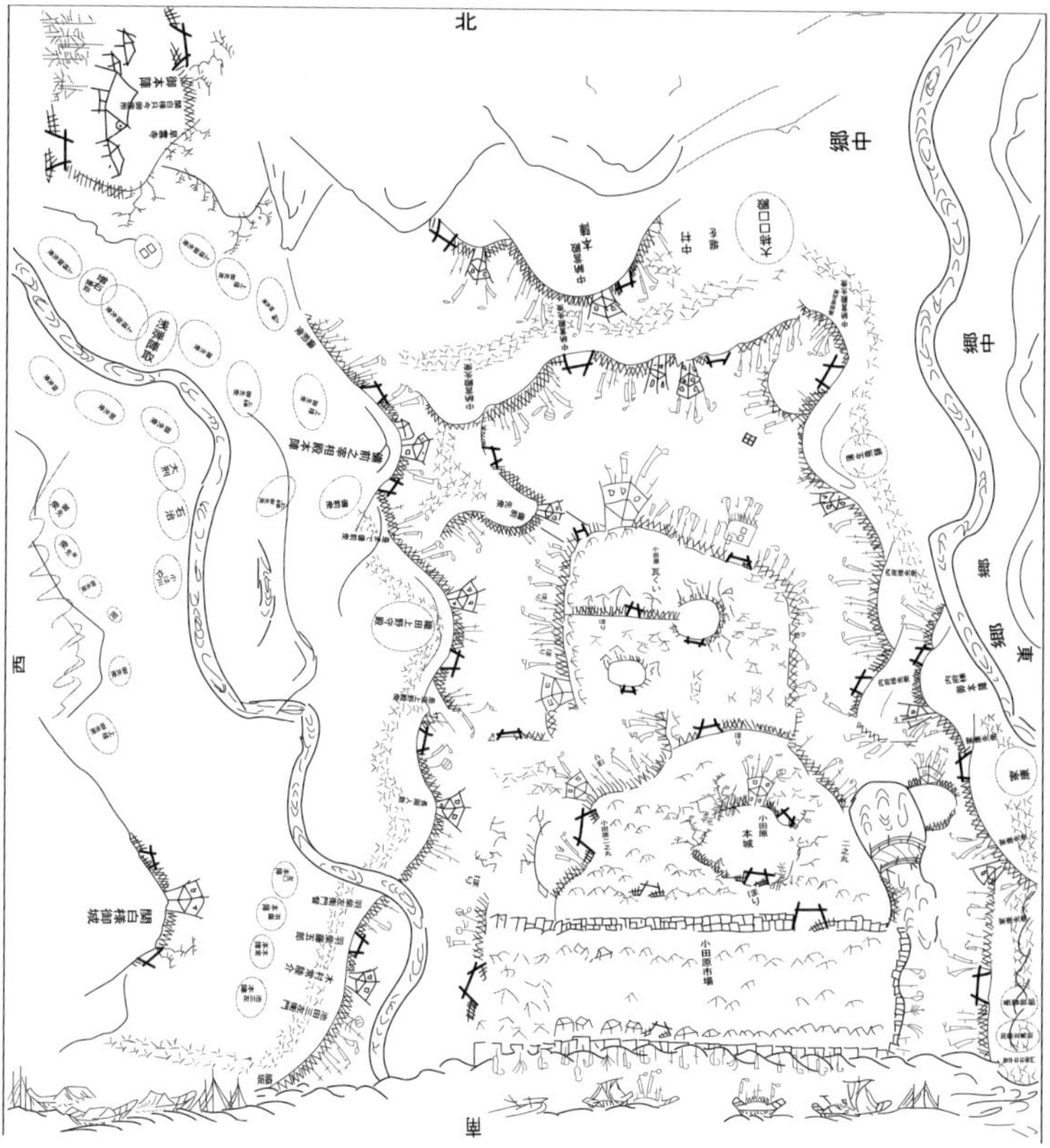

図13　「小田原陣仕寄陣取図」トレース図

絵図全体を観察し、描写の不整合と見られる点を訂正・復元し、トレースし直したのが図14である。柵列の位置や繋がりなど、図13に見られた齟齬《そご》が解消された。

これにより、およそ図14の状況が正確な描写と見られ、図13の「小田原陣仕寄陣取図」の小田原城部分は、図14により検証すべきであると考える。

改めて図14で小田原城を観察すると、小田原城自体は、矢来《やらい》のような柵列描写を外郭線とし、鏡餅のような形態で描かれている。鏡餅型全体の輪郭線となる柵列と「ほリ」が総構のラインを描写したものと考えられ、総構ライン上には井楼櫓《せいろうやぐら》が三棟描かれ、幟旗《のぼりばた》・旗指物《はたさしもの》が数多くたなびいている。総構の虎口《こぐち》は北側に二箇所、西側に二箇所あり、北東の門の外側には総構から離れて四角く囲まれ、旗指物がたなびく空間が描写されている。この位置の出曲輪《でぐるわ》の存在は、他の史料には見られず、その存在は知られてはいなかった。筆者自身も、図13の仕寄図をトレースするために熟覧し、初めて気づいた新発見である。

そこで、改めてこの出曲輪の存在について検証してみると、位置関係を踏まえ、荻窪立《おぎくぼたて》野《の》遺跡（小田原市荻窪）の発掘調査で検出された堀割遺構が該当する可能性が指摘できる（図15）。

この遺構は平成元年（一九八九）に調査されたもので、検出当時から北条方・豊臣方どちらの遺構なのかが議論となっていた。筆者も、荻窪立野遺跡の発掘調査で出土したかわ

図14　復元した状態の小田原城部分トレース図

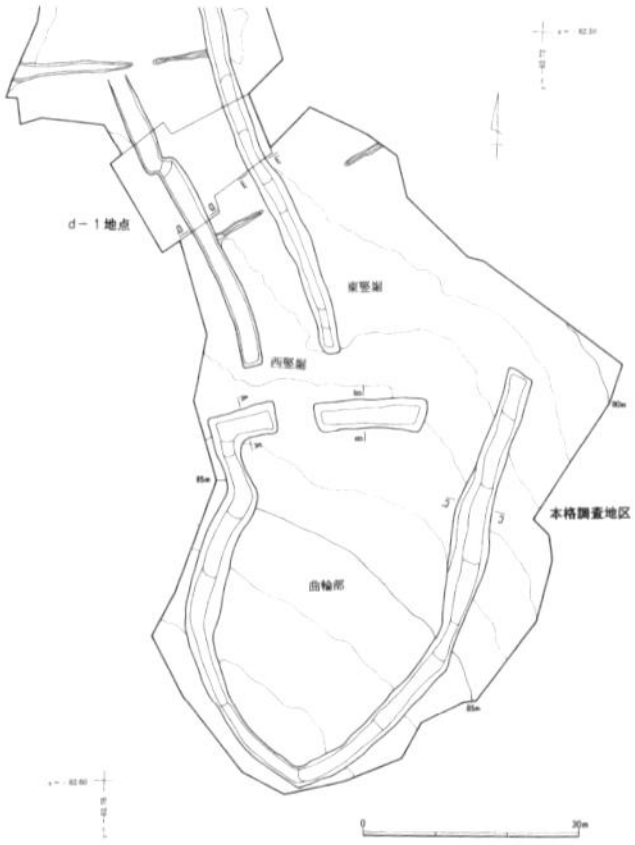

図15　荻窪立野遺跡検出の堀割遺構（1/2000）

らけが全て在地産のものであったことから、北条方の出曲輪の可能性が高いと指摘したことがあった（佐々木二〇〇四）。

本書執筆にあたり、図13の仕寄図に曲輪の描写があることを確認し、旗指物の向きなどから北条方の出曲輪である可能性が指摘でき、その位置からは荻窪立野遺跡の遺構こそがこの出曲輪を描いたものなのではないかとの考えを強くした。絵図描写と発掘調査成果から迫り得た、戦国期小田原城の新情報である。

視点を小田原城本体の描写に戻そう。

小田原城は、大きく三つの空間により形成されている。総構のラインと同様に、柵列の脇には「ほり」との注記が見られ、柵列と堀を組み合わせた曲輪取りとなっている。鏡餅型の下段は、上半部（北側）に「小田原本城」の空間を中心に東西（左右）に「小田原二之丸」「二之丸」の註記があり、下半部（南側）には「小田原市場」との註記とともに市街地の様子が描かれている。小田原城と「小田原市場」は、東（右）寄りの門で連結し、「小田原市場」は西（左）側に大きな門を設けて城外とつながっている。一方、東側は、「二之丸」より大きな橋が架かり、渋取《しぶとり》・渋取川に比定される水場を越えて城外へと通じている。橋を渡った左手には出曲輪と思しき空間が描かれているが、これは小田原合戦における数少ない激戦地として伝わる篠《ささ》曲輪に比定される描写と考えられる。篠曲輪については『北条五代記』に、「域の内より橋を一つ渡し、是を出曲輪と名付」と表記されている。本図の描写と共通している点は興味深い。

鏡餅型の上段、北側の空間は下段と二つの門で接続し、中には「小田原瓦《か》くい」の文字がある。この空間は八幡山古郭に相当しよう。八幡山古郭内には柵列に囲われた二つの円形空間があり、一方は総構と思われる柵列と連結する。

「小田原本城」・「小田原瓦くい」内の二つの曲輪の中には建物の描写はないものの、「小田原市場」「二之丸」「小田原瓦くい」には、「小田原市場」を中心に多くの建物が描かれている。建物の描写は大きく四種類あり、川沿い、海沿い、街道沿いに位置する四角い描写と、テントのような描写、「π」字のような描写、きちんと屋根を載せた建物の描写がある。それぞれの建物の配置を見ると、意図的な描き分けが行われているように思われるが、いずれの描写がどのような建物を示しているかは、現時点では明確にし得ない。この点については改めて別稿で検証したい。

前述した篠曲輪の描写や荻窪立野遺跡で確認された掘割を示す出曲輪の存在などは、他の仕寄図にはない描写であり、他の史料でもあまり確認することのできない情報である。また、「小田原瓦くい」北西から門を通じて西へと延びる二本の線は、そこが尾根続きであることを示していると見受けられる。これらの描写は、絵図作者が実際に見聞き観察した情報が反映されていると評価できよう。「小田原本城」「小田原瓦くい」内二つの曲輪の中に建物の描写がない点も、絵図作者が小田原城中枢の曲輪内の様子までは確認できなかったことを現しているように思われ、図の信憑性を肯定する描写とも受け取れる。

これらの点から、図13は現地を知る人間、見た人間により描かれたものと考えられ、当時の小田原城および城下の様子が適切に表現されていると評価できる。

（2）「小田原陣仕寄陣取図」

図16の「小田原陣仕寄陣取図」は、図中にある「家康様」「内府様」との敬称から徳川家への配慮が見受けられるとし、関ヶ原合戦以降に描かれたものとの指摘もあるが（鳥居一九九〇）、「中納言（織田信雄）殿」「備前宰相（宇喜多秀家）殿」への敬称や、秀吉本陣を「早雲寺御本陣」と記す状況もあることから（いずれも図16のトレース範囲外）、製作時期を関ヶ原合戦まで下げる必要はないものと考える。

右手に海、天地に川を配した構図となっており、図13と比べると左に九〇度倒した画角となっている。しかし、西方に位置する秀吉「御本陣」である早雲寺や箱根山が左手に描

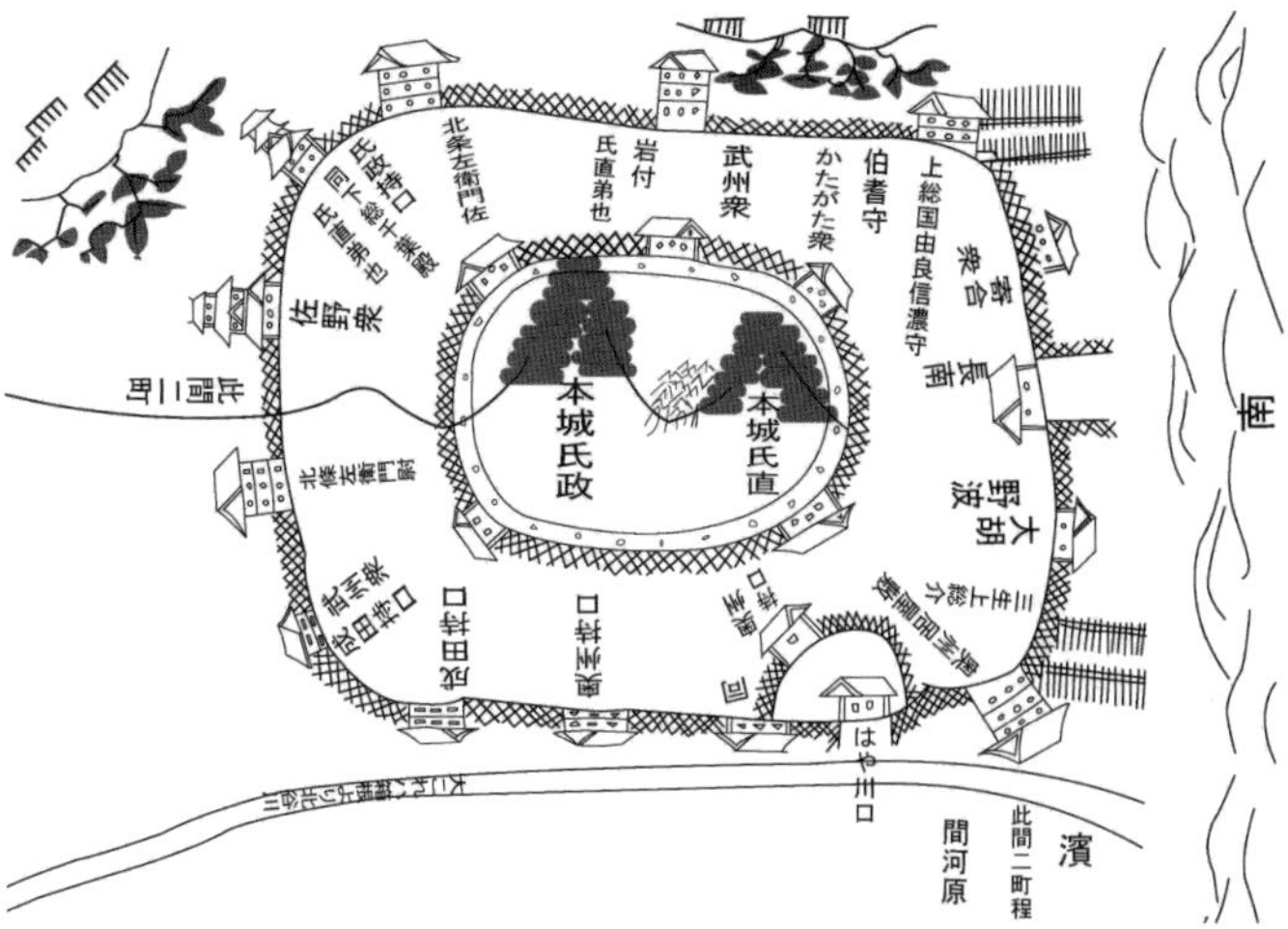

図16　「小田原陣仕寄陣取図」小田原城部分トレース図

かれている様子から、方位軸には歪みが生じているものと理解される。

小田原城は、二重の柵列により表記され、内側の柵列には狭間《さま》を伴う土塀のような描写がある。総構に比定される外側柵列ライン上には平櫓・二重櫓がそれぞれ三棟、三重櫓が五棟、破風《はふ》を持つ多重櫓が二棟描かれている。虎口は二箇所あり、右手海側に柵列が開いた場所があるほか、「はや川口」との註記がある枡形状の空間が一箇所描かれている。虎口部分では、他の総構ライン上とは向きが異なる平櫓が描かれており、ここに描かれた平櫓は門の描写と見受けられる。門とすると、「はや川口」は二つの門により、枡形《ますがた》構成されており、厳重な構えとなっている様子がうかがえる。

小田原城は、箱根からの尾根続きで描かれた八幡山と考えられる位置に「本城氏政」、「本城氏政」とは谷を挟んだ南（右）側となる江戸時代の小田原新城の本丸に該当する位置に「本城氏直」と記された山がある。そして、二つの本城の間には家屋（町屋か？）が多く描かれており、総構のラインに沿って北条方の武将名が註記されている。

北条方の配陣状況については、本図が最も多くの情報を持っており、町場の様子は描かれていないものの、早川口近くに「奥州居屋敷」との文字があることなどは本図のみに示された情報である。

（3）「小田原城仕寄陣取図」

図17の「小田原城仕寄陣取図」は、左上に韮山城《にらやま》（静岡県伊豆の国市）における攻城戦の様子も描いているという点で図13・図16とは異なっており、「此山へ太府様、松崎飛脚（驛）、上野殿、長岡越中なと、やかてにら山よりうつられ候」との註記も確認できることから、韮山城攻城戦との関連性の高い仕寄図と言える。「御本陣」が早雲寺にあり、石垣山に「此山へ、被移御座候ハん由、被仰出候」とも記されていることから、四月五日〜七日の間の様子を描いた図と評価されている。

南側に海、西側に早川を配した構図となっているが、東側に酒匂川は描かれていない。小田原城については、総構と思われる線で囲われ、中に「本城」「二丸」「新城」という

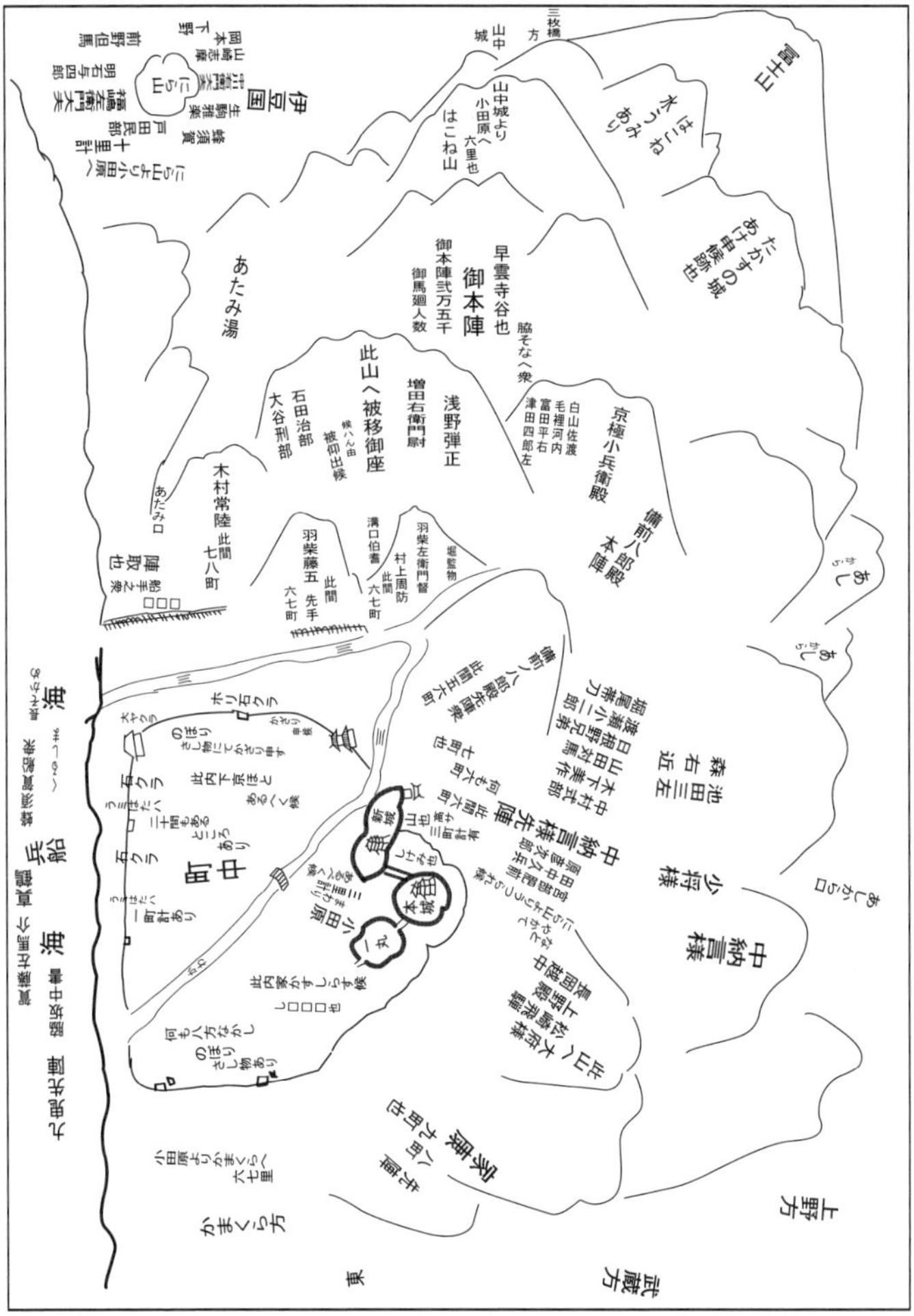

図17　「小田原城仕寄陣取図」トレース図

三つの曲輪が連結して描かれている。三つの曲輪は縦列に配され、「一丸」は「本城」の東側に位置するため、低地部二の丸域に相当すると考えられる。また、「新城」は「本城」西側に位置することから、小田原合戦に備えて氏政が構築した「新城」としての八幡山古郭、すなわち図16における「本城氏政」が示されているものと思われる。

「本城」「新城」には、それぞれ重層の櫓が描かれており、これも図16における「本城氏直」「本城氏政」との関連性を思い起こさせる。

　総構ライン上には、屋根を持つ平櫓・二重櫓が各一棟、何らかの施設であろう四角い描写が三箇所、総構のラインのやや内側に二つの四角で描写された施設が二箇所存在する。その他、「大ヤクラ」との註記が一箇所、「ホリ」との註記が一箇所、「石くら」との註記が三箇所あり、「石くら」の註記が南西部に集中している点は特徴的であり、早川口の位置にも通じる。図16で厳重に描かれた「はや川口」の描写とともに、小田原城総構南西部の堅固さが強調されているようにも思える。

　そして、総構の中を早川から分水した「川」「かわ」が流れている様子はこの絵図のみが持つ情報である。この小河川は小田原用水（早川上水）に比定され、橋が架けられている様子も確認される。この橋の描写は、近世小田原城下に存在した欄干橋町《らんかんばしちょう》・筋違橋町《すじかいばしちょう》との町名との関係を考えるうえで興味深い。

この図において特筆すべきは、小田原用水の描写を含め、町場の情報量の多さである。小田原城南側に「町中」と記され、その規模については「此内家かずしらず候」「此内下京ほどあるべく候」との註記がある。小田原の町の家数は数えきれず、その賑わいは京都の下京《しもぎょう》にも劣らない、との意と受け取れ、賑やかな小田原宿の様子をうかがわせる註記である。いささか大袈裟な表現にも思えるが、豊臣方が作成した絵図中の註記であることを考えると、戦国期の小田原の町の様子を示す客観的な表現と捉えても良いのではなかろうか。

豊臣方のイメージ　前記、「小田原陣仕寄陣取図」二点（図13・16）と「小田原城仕寄陣取図」（図17）の記載内容をまとめたのが表2である。それぞれが個性的な情報を有している点が垣間見えるが、全体として確認できる事項としては、以下の一〇点に整理することができるであろう。

すなわち、

①小田原城は、南に海、北に山、東西に川を配した立地である。これは地形に一致。
②城と町を囲む外郭線がある。これは総構（大構）と考えられる。
③小田原城には、大きく三つの曲輪がある。
④小田原城の曲輪は、「ほリ」により囲郭されている。

表２　３つの「仕寄陣取図」の記載内容比較

図の種類 特記事項	図13 「小田原陣仕寄陣取図」	図16 「小田原陣仕寄陣取図」	図17 「小田原城仕寄陣取図」
小田原城主部	「小田原本城」	「本城氏直」	「本城」
	柵列		二重櫓
	本城虎口（門×２）		
	「ほり」		
	樹木		
	「小田原二の丸」 「二の丸」	（曲輪描写のみ）	「一丸」
	柵列	塀・柵列	
	「ほり」	平櫓×５	
	二の丸虎口（門×３）		
	橋		
	※家屋描写多数	※家屋描写多数	
	「小田原城瓦くい」	「本城氏政」	「新城」
	瓦くい（曲輪描写×２）		二重櫓
	柵列		平櫓
	瓦くい虎口（門×１）		
	「ほり」		
	※家屋描写多数		
総構	柵列	柵列	「大ヤクら」
	井楼櫓×３	平櫓×３	平櫓×１
		二重櫓×３	二重櫓×１
		三重櫓×５	何らかの施設×５
		千鳥破風を持つ多重櫓×２	
	「ほり」×３		「ほり」×２
	出曲輪？		「石くら」×３
	総構虎口（門×２）	総構虎口（櫓門×３，うち２つは「はや川口」）	「しけミ也」
	※幟旗・旗指物多数	※井楼櫓多数	「山也高サ山町計有」
町場	「小田原市場」		「町中」
		「奥州居屋敷」	「此内家かすしらす候」 「し□□□也」
			「此内下京ほとあるへく候」
			「小田原まわり三里あるへく候」
			「何も八方ながしのぼりさし物あり」 「かさり申候」
			「うミはたへ一町計あり」 「うミはたハ二十間もあるところあり」
	※家屋描写多数		「かわ」 「川」 橋

⑤「本城氏政」「本城氏直」というふたつの主郭がある。
⑥小田原城の虎口は南側を向いている。
⑦総構西側の守りは堅固である。
⑧総構には「石くら（石垣）」があり、「大ヤくら（井楼櫓か）」がある。
⑨小田原城南側には町場があり、下京ほどの賑わいである。
⑩総構の内側に「かわ」が流れ、橋が架かっている。

以上の点を考慮し、図13・14をベースとし、図16・17の情報を加えて模式的に図化したのが図18である。三図の共通点を考慮して模式化することで、戦国期小田原城のイメージを見出すことができるであろう。

三点の仕寄図は、天正一八年（一五九〇）あるいはすぐ後に豊臣方により作成されたものであることから、小田原合戦時に豊臣方が把握していた小田原のイメージと言い換えることもできる。

図18を見ると、図8として呈示した「相州小田原古絵図」や後述する「相模国《さがみのくに》小田原《おだわら》城《じょう》絵図《えず》」（図19）などの近世初頭の絵図、あるいは現在の小田原城の様相と比較しても、地形や曲輪配置などに大きな違和感は見られない。このことから、残念ながら小田原合戦に際して小田原城および城下の様子は正確に豊臣方に把握されていたと考えられる。

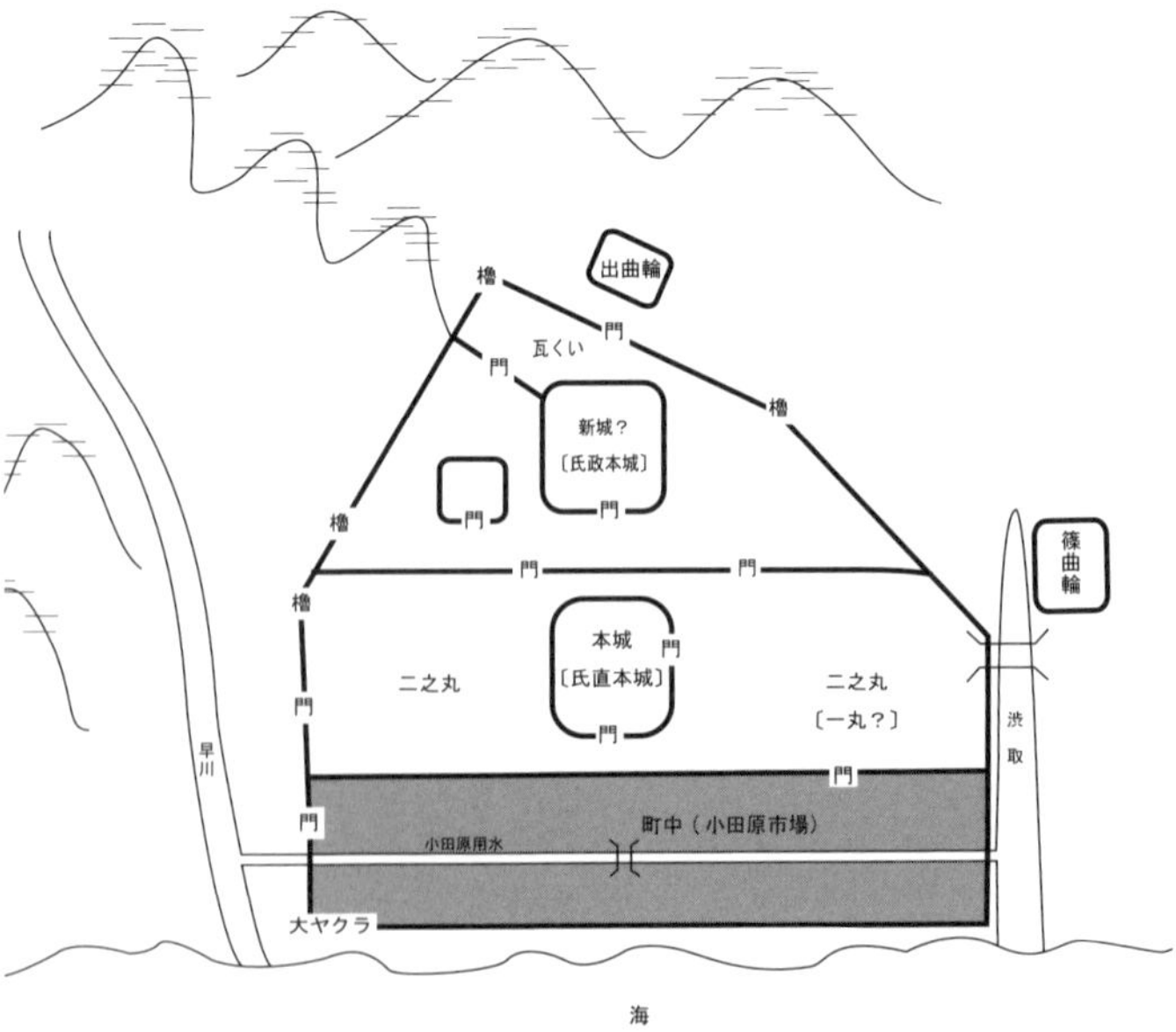

図18　「仕寄陣取図」の内容を元にした戦国期小田原城模式図

これに、『明叔録』にある町の小路が整然と整っている様子、東南には町の麓まで海が広がっている様子、城郭は巨麗にして三方を大池に囲まれている様子などを加えたものが、文献史料・絵画史料から確認し得る戦国期小田原城および城下の姿と言うことができるであろう。

後の記録にみる小田原

仕寄図や一次史料から確認できる戦国期小田原城の姿について見てきたが、二次史料である近世史料にはどのように記されているのであろうか。前出の『北条記』『北条五代記』『関八州古戦録』の記述から確認してみよう。

軍記物の記載

『北条記』については著者等の詳細は不明ながら、『北条五代記』は北条家の家臣であり、二六歳で小田原合戦に参陣していたとされる三浦浄心《みうらじようしん》が寛永一八年（一六四一）までには記していたとされる軍記物である。また『関八州古戦録』は、享保一一年（一七二六）に槙島昭武《まきしまあきたけ》が記した軍記物である。

いずれも、脚色が多いと評価される軍記物ではあるが、その記述の中から戦国期の小田原の様子を確認してみよう。

『北条記』には、「相州小田原守護の政道私無く、民を撫育ありしかば、近国の人民恵みに懐き家を移し、津々浦々の町民職人、西国北国より群がり来る。昔の鎌倉もいかで是程あらんやと覚ゆる計に見えける。東は一色より板橋に至るまで、其間一里の程に棚を張り、売買数をぞ尽くしける。山海の珍物、琴棊書画の細工に至るまで、尽くさずと云ふ事なく、異国の唐物いまだ聞きも及ばず目にも見ぬ器物ども、幾等ともなく積みをきたり。交易売買の利潤は京四条五条の辻にも過ぎたり。民の竈も豊饒にして東西の業繁盛せり。」とある。この記述からは、小田原という町が一色（小田原市東町）から板橋（小田原市板橋）まで、すなわち東海道に沿って町屋を並べ、賑わっていた様子がうかがえる。

『北条五代記』には、「城郭此城堅固にかまへ広大成事、西ハ富士山と小嶺山つゝきたり、二つの山の間に三重に堀をほり、小嶺山を城中に入、早川の河をかたとり、南のはまへへをしまはし、石垣をつき、東北ハ沼田堀をほり、築地をつき、東西へ五十町、南北へ七十町、廻りハ五里四方、せいろう矢倉すきもなく立をき、堀さかもきを引せ」とある。『北条五代記』では、小田原城の総構（大構）について、西は小峯山を取り込み、早川に沿って海浜部へと回り、北東は湿地帯を利用して堀としている状況が記されている。

『関八州古戦録』には、小田原城は、北条氏五代の間に拡充され、名城塁壁高くそびえ、堀は深く水を湛えた要害の地であること、人夫三万人を集めて惣構《そうがまえ》の湟《ほり》を掘り回し、土塁・櫓を築いている、との様子が記されている。

いずれも江戸時代以降の書物であるため、描写内容からの割引は必要であるが、戦国期の小田原の町が賑わっていた様子や、広大な総構に囲まれた堅固さが述べられている。「難攻不落」との文言は用いられていないものの、江戸時代において小田原城が要害堅固であるとの描写がなされている様子もうかがえる。

この中では『北条五代記』にある「早川から海浜へと石垣を築き」という部分は仕寄図図17の「石くら」の記載と一致し、「東北は沼田堀を掘って土塁を築いている。」との表現も図14の描写に通じるところがある。『北条五代記』の著者三浦浄心が小田原合戦を経験していることも踏まえると、『北条五代記』の記載については一定の史料批判を行ったうえで活用することは、有意義なように思われる。

近世絵図の描写

また、すでに「相州小田原古絵図」については触れたが（図8）、江戸時代に小田原城および城下を描いた絵図は複数枚残っている。

基本的には大きく二系統あり、小田原城内について詳述した「城絵図」と城下町まで含めて描いた「府内絵図」に分けて考えることができる。小田原藩主が稲葉氏から大久保氏へと交代する時の『稲葉家《いなばけ》引送書《ひきおくりしょ》』（貞享三年：一六八六）にも「一、城絵図壱枚」と「一、小田原府内絵図壱枚」とあることから、「城絵図」と「府内絵図」の二種類が作成・

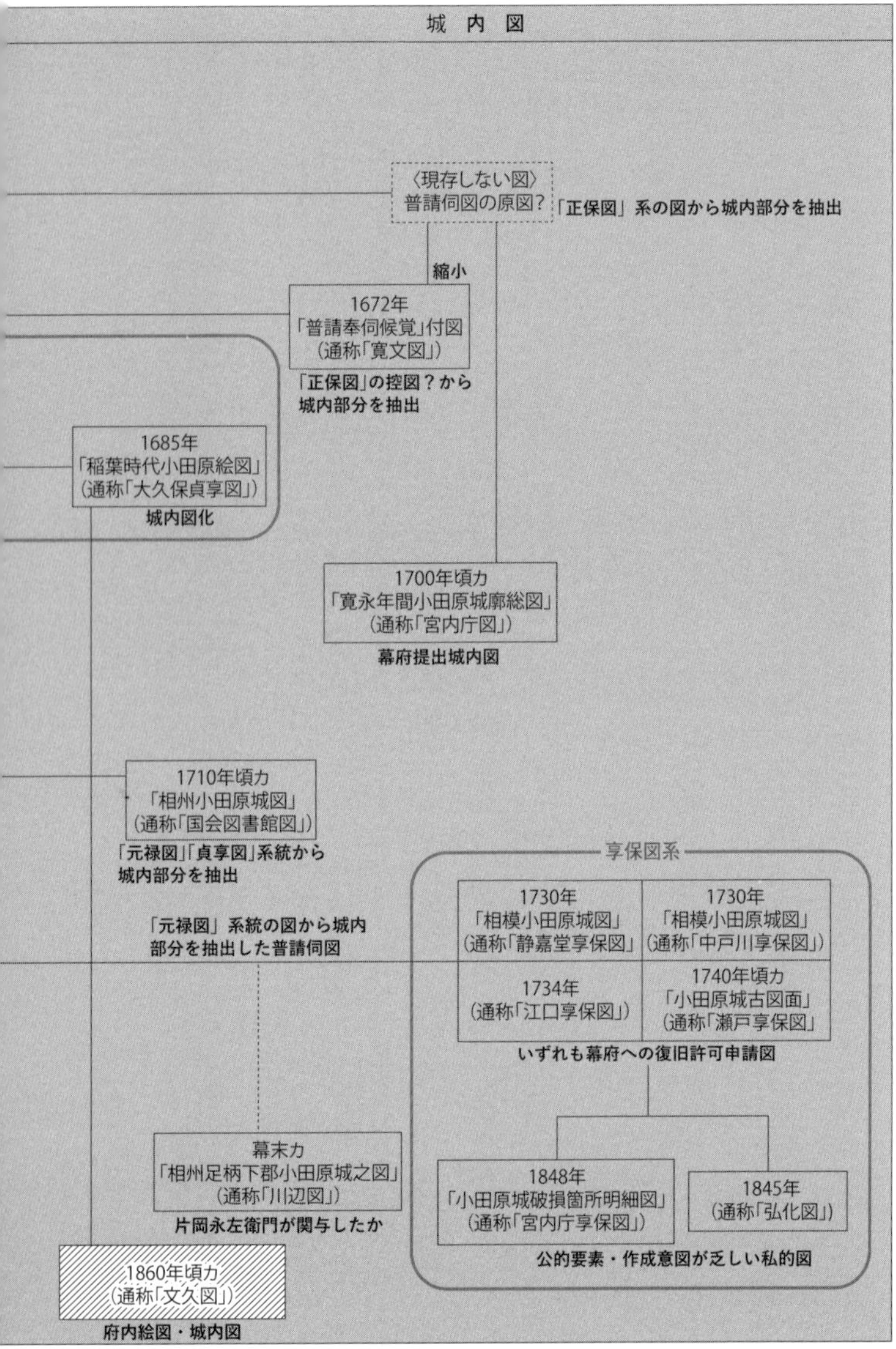

城　内　図
〈現存しない図〉
普請伺図の原図？
「正保図」系の図から城内部分を抽出
縮小
1672年
「普請奉伺候覚」付図
（通称「寛文図」）
「正保図」の控図？から
城内部分を抽出
1685年
「稲葉時代小田原絵図」
（通称「大久保貞享図」）
城内図化
1700年頃カ
「寛永年間小田原城廓総図」
（通称「宮内庁図」）
幕府提出城内図
1710年頃カ
「相州小田原城図」
（通称「国会図書館図」）
「元禄図」「貞享図」系統から
城内部分を抽出
享保図系
1730年
「相模小田原城図」
（通称「静嘉堂享保図」）
1730年
「相模小田原城図」
（通称「中戸川享保図」）
1734年
（通称「江口享保図」）
1740年頃カ
「小田原城古図面」
（通称「瀬戸享保図」）
いずれも幕府への復旧許可申請図
「元禄図」系統の図から城内
部分を抽出した普請伺図
幕末カ
「相州足柄下郡小田原城之図」
（通称「川辺図」）
片岡永左衛門が関与したか
1848年
「小田原城破損箇所明細図」
（通称「宮内庁享保図」）
1845年
（通称「弘化図」）
公的要素・作成意図が乏しい私的図
1860年頃カ
（通称「文久図」）
府内絵図・城内図

図19 「城絵図」「府内絵図」の系譜

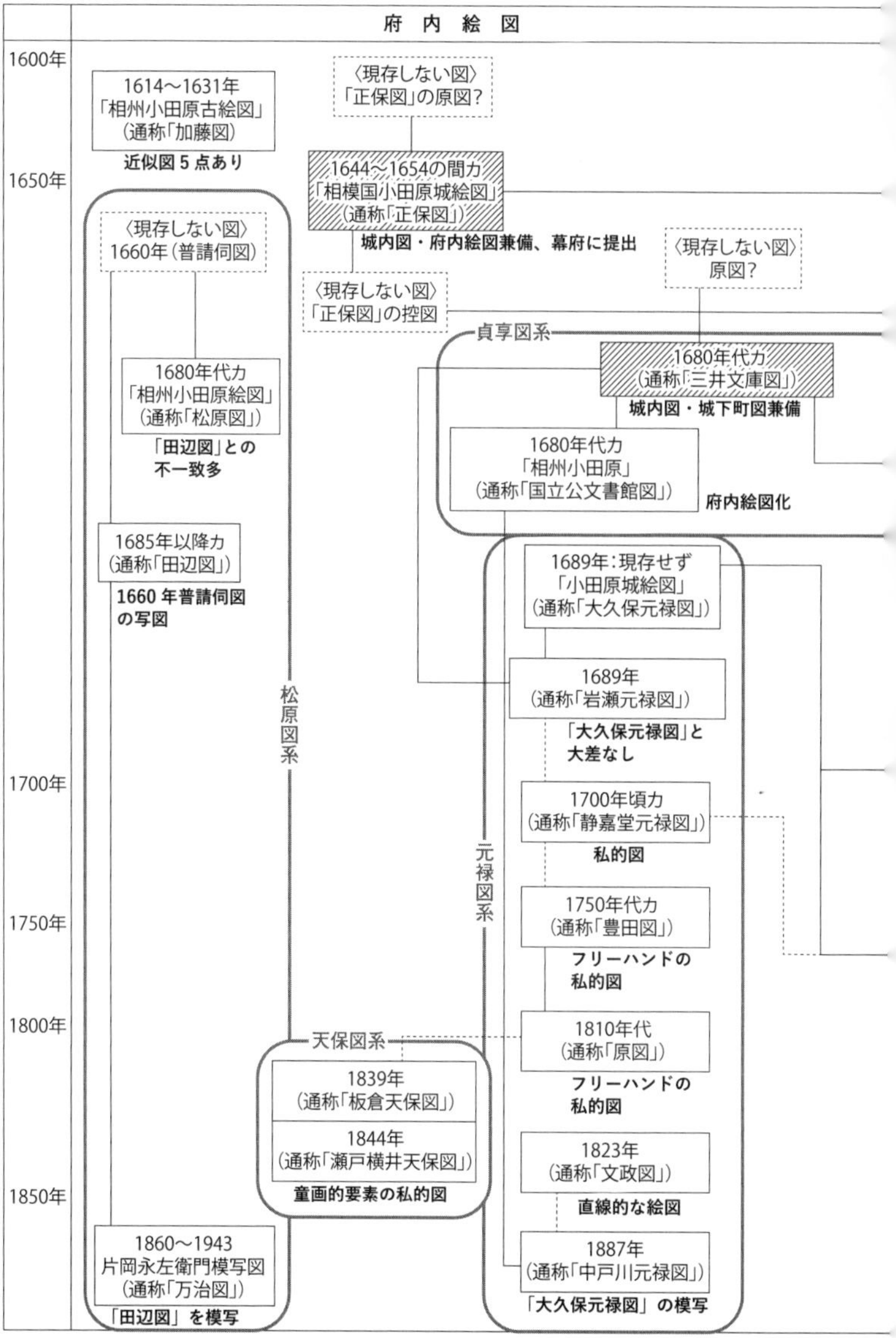

保管・継承されていることが確認でき、二分類で絵図記載を確認することの有効性を示していよう。紙幅の都合もあり、全ての絵図を呈示・掲載することはできないため、図19として「城内図」「府内絵図」ごとに分けた絵図の系譜を呈示した。個別絵図については、『小田原市史』別編城郭などをご覧頂きたい（田代一九九五）。

また、当然のことながら現在確認できる絵図が小田原城を描いた絵図の全てというわけではなく、失われた絵図も数多く存在していたものと考えられる。そのため、現状確認できる全ての絵図で因果関係が整理できるわけではないが、一定程度の情報の継承関係はこの表において理解できよう。

しかし、表を見ても「相州小田原古絵図」の他は、全て寛永一〇年（一六三三）の寛永小田原大地震以降の小田原城及び城下を描いた絵図であることは明白であり、本書「白亜の天守聳える小田原城」の章で確認した小田原城の略歴から考えても、ダイレクトに戦国時代の小田原城および城下の情報が含まれているとは考え難い。それでも、戦国時代の面影が残る部分もあるのではないかと考えられるため、「相州小田原古絵図」および寛永小田原大地震後すぐの公式絵図である「相模国小田原城絵図」の情報をベースに、戦国時代の小田原の景観に迫ってみたい。

「相模国小田原城絵図」

「相模国小田原城絵図」は、正保元年（一六四四）の幕府通達により作成された正保城絵図に含まれる絵図であり（図20）、「相州小田原古絵図」や図18の模式図とも通じる部分が多い。

図21は、「相州小田原古絵図」に描かれた道路を「相模国小田原城絵図」に当て込み、図22の「明治十九年測量地形図」をベースに、現地比定したものである。

むしろ、「明治十九年測量地形図」に「相模国小田原城絵図」の情報を比定し、そのうち「相州小田原古絵図」の描写と共通するものを抜き出したと表現した方が適切かもしれない。そう思えるほど、「相模国小田原城絵図」と「明治十九年測量地形図」との共通性は大きい。現在も確認できる総構（大構）の位置などから考えても整合性は高く、多くの道路を比定することができた。

そして、「相模国小田原城絵図」を踏まえ、「相州小田原古絵図」の描写が「明治十九年測量地形図」においても確認できたことから、近世以降の多くの震災を経ても、明治一九年（一八八六）までは、「相州小田原古絵図」段階の面影が残っていたと評価できる。つまり、むしろ戦国時代の小田原の町の面影は、明治一九年以降に大きく失われていったということである。

そのような中で、これらの図を通じて見出せる小田原城最大の特徴は、やはり総構（大

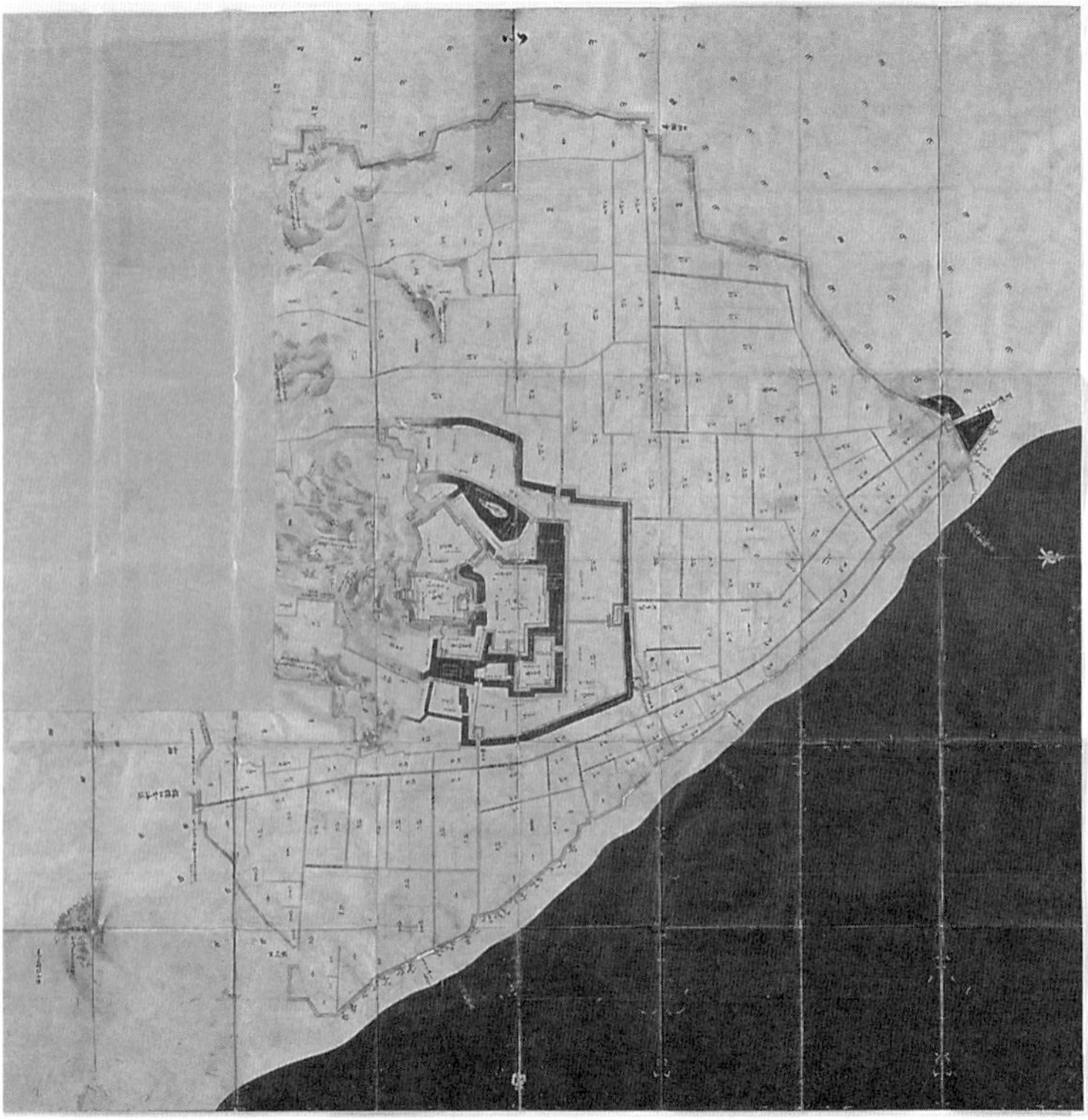

図20 「相模国小田原城絵図」部分（国立公文書館デジタルアーカイブ）

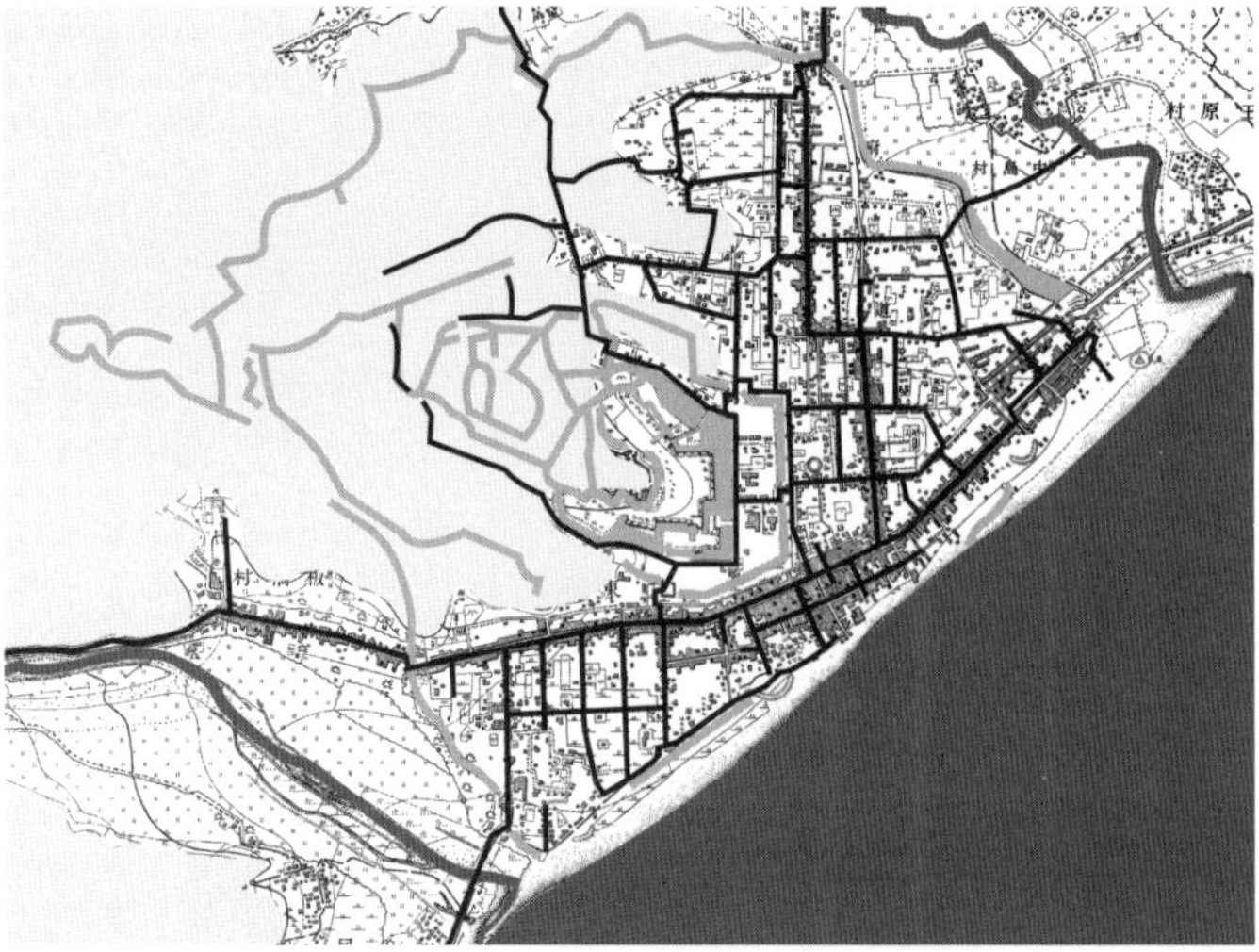

図21 「相州小田原古絵図」の現地比定

図22 「明治十九年測量地形図」部分

構）の存在であろう。総構は、近世史料にも「総構」「惣構」「構えは広大」などと記され、「難攻不落」と言わしめる小田原城の代名詞とも言える。総構は小田原城の外郭線でもあり、小田原を訪れる際、あるいは小田原を攻める際には、一番初めに遭遇する小田原城の防衛施設、城郭遺構ということになる。

では、総構とはどのようなものであったのだろうか。

総構についても、文献史料から確認できる事項が散見されるため、はじめに文献史料の記載から確認できる総構の情報を確認してみよう。そこから、発掘調査で明らかとなった総構の構築時期や構築方法を確認してみたい。

総構とは何か

小田原城の総構

小田原あるいは小田原城を印象付けるものとして、総構（大構）の存在を挙げることができる。総構は、堀と土塁などからなる小田原城の外郭線であり、小田原の城と町を周囲九kmにわたって囲っている。この外郭線は、史料上では、「総構」「惣構」「総かまへ」「惣かまへ」などと表記され、近年小田原では「大外郭」との造語で呼ばれてもいる。

総構については、これまでに都市研究の立場や城郭研究の中で、城郭の縄張の一部として研究されるケースや、町をも囲う「外郭線」としての空間機能論などをテーマとして研究が進められる事例があった。そして、文献史料上の初見が畿内近国の寺社や集落を囲う装置であることから、西日本地域における研究が進んでいる。その結果、寺社では文明一二年（一四八〇）五月一六日付けで東寺《とうじ》（京都市）の「惣構」、城郭では永正二年（一五〇五）一〇月一八日付け勝龍寺城《しようりゆうじ》（あるいは神足城、長岡京市）における「惣かまへ」が初見とされる（福島二〇〇二）。

小田原城の総構については、天正一八年（一五九〇）四月五日付け浅野左京大夫《あさのさきようのだいぶ》宛て徳川家康書状で「惣構」と述べられているのが史料上の初見である。初見ではあるが、小田原合戦終結以前に小田原城総構を「惣構」と述べている史料はこの文書のみである。また、家康自身もこの後、四月一〇日付けの大樹寺宛て書状では「城構」と述べており、家康が述べた「惣構」との文言をもって小田原城総構の初見・唯一と評価するのは、少々かわいそうな気もする。とは言え、他に一次史料で小田原城の外郭線を「総（惣）構」と記した史料はないのである。

そのように述べると、実際には総構はなかったのではないかとの疑問も生じよう。しかし、先に紹介した「小田原陣仕寄陣取図」にも総構の姿はしっかりと描かれており、発掘調査においても総構の堀・土塁は確認されている。現在でもその痕跡が確認できる場所は多く、小田原合戦時に総構が存在したことは間違いない。

では、総構ができたのはいつであろうか。

実は、天正一五年（一五八七）の六月二日までは、周囲を巡るほどの総構は成立していなかったということが、次の史料から確認できる。

拙者私領大窪分之内八貫百文之処、東ハ山角上野介方藪際、西者山中大炊助方藪際、北者新堀之はたを限、南者井神之森際、但古道を限而東之分、無年貢、永代売渡申候、於後年棟別・諸公事等不可有之候、然者右之替代如大法六増倍之積、兵粮雖百六拾貳俵候、江雪斎御指引ニ付而、貳貫貳百五十文之兵粮指置、残所無未進請取申者也、仍後日状如件、

丁亥（天正一五年）
六月二日　朝倉右京進（花押）
伝肇寺
参

この史料は、朝倉政元《あさくらまさもと》（北条氏康・氏政の馬廻衆）が伝肇寺《でんじょうじ》に土地を売り渡した際に出されたもので、天正一五年に比定されているものである。文書の前半に、その敷地の範囲を示す境界が記されている。それによると、大窪にある朝倉右京進《うきょうのしん》の土地八貫百文、それは東は山角上野介《やまかくこうずけのすけ》邸の藪まで、西は山中大炊助《やまなかおおいのすけ》邸の藪まで、北は新堀の端までとし、南は居神《いがみ》明神社の森まで、ただし東側は古道までとする、とある。

伝肇寺は、その後移動することなく現在に至っているため、この境界記載を基に朝倉右

京進が伝肇寺に売り渡した土地の範囲を確認してみたい。

図23は文久年間（一八六一～一八六四）に描かれたとされる通称「文久図」（図31）の一部を抜粋し、史料の記述による位置を落とし込んだものである。文書にある四示から、北側の「新堀」、東西の武家屋敷、南側の居神明神社の森を示すと、このようになる。

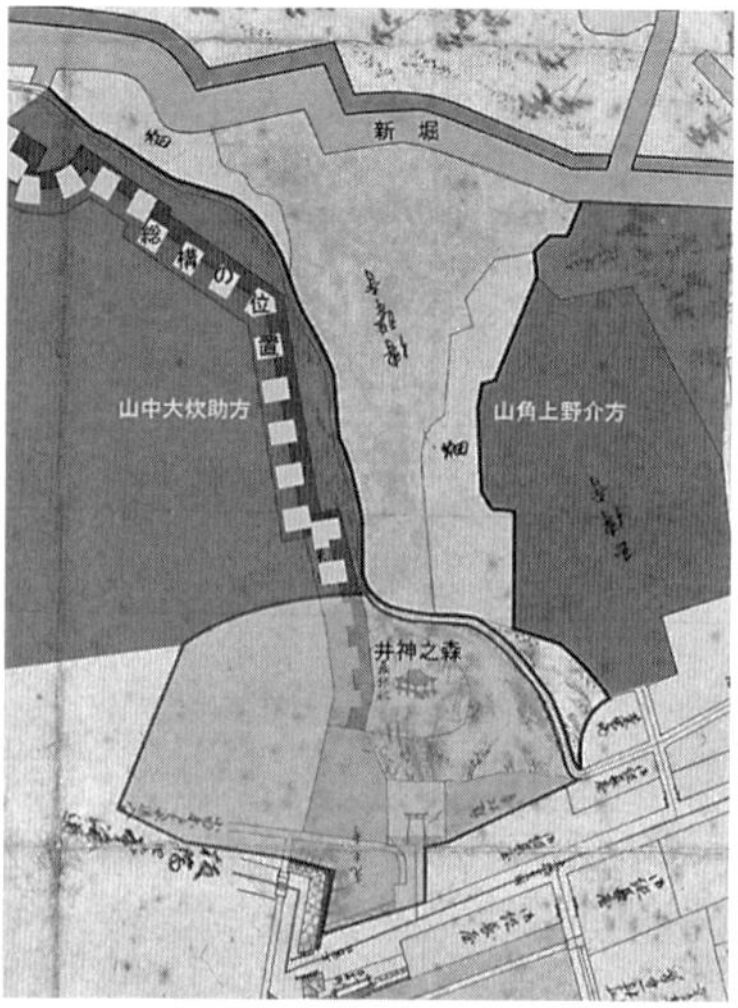

図23　「伝肇寺文書」に示された範囲

実は、このうちの西側、山中大炊助邸との境に総構がある。発掘調査でも、まさに伝肇寺の西側に位置する伝肇寺西第Ⅰ地点の発掘調査で大規模な障子堀《しょうじぼり》が確認されている。しかし、前の文書からは総構の存在は確認できない。一方、北側では「新堀」が境界として示されている。この状況から、この書状が記された天正一五年（一五八七）六月の段階では、小田原城西側の総構は完成していないことがわかる。

それでも小田原合戦時の「小田原陣仕寄陣取図」「小田原城仕寄陣取図」に総構が描かれている状況を踏まえると、総構が機能していたのは天正一五年以降、天正一八年までの間ということになろう。つまり、戦国期小田原城の代名詞とも言われる総構は、北条氏が小田原を本拠とした七二年間のうち、最長でも三年未満しか存在していなかったことになる。

総構の普請

総構普請の状況を、もう少し詳しくみておこう。

通常の小田原城の普請工事は、その工事年の干支を冠し、「午歳大普請」「乙酉大普請」「亥歳大普請」などと呼び、人足の徴収が行われる場合が多い。これに対し、天正一五年（一五八七）の普請は、「亥歳大普請」（一月一五日・一月三一日　虎朱印状）とも記されるが、「小田原之普請」（一月六日　虎朱印状・二月六日　北条氏房朱印状）・「小田原普請」（二月二一日　虎朱印状）・「小田原御普請」（五月一五日　高城胤則黒印状）と「小田原」という空間を示した普請として人足の調達が行われている事例が垣間見える。

さらに、「相府大普請」（三月一三日　狩野宗圓書状）とも記されて人足徴収が行われている状況があるため、城郭や城郭一部の部分的な普請ではなく、都市小田原に対する普請を示すほどの大規模な普請であったのではないかということを想定させる。

そして、そのことを示すように、五月三日には上野国で「小田原之普請」のために人足不足が生じている状況を示す文書があり（五月三日　虎朱印状）、領国内で人足不足が生じるほどの大普請が行われていることがわかる。また、翌天正一六年二月二八日付け北条氏政書状には「普請成就」とあり、六月七日付け北条氏邦《うじくに》朱印状写には、「去年春中小田原大普請かかり候」とあることから、天正一五年の春頃から普請が開始され、天正一六年二月二八日までには完成していたとみることができる。

前節で示したように、天正一五年六月二日の段階で総構が存在しない状況を踏まえると、この「小田原之普請」「相府大普請」により総構が普請された可能性が高いと言えるのではなかろうか。

他の普請とは異なる「小田原之普請」「相府大普請」との名称、領内での人足不足を生じさせるほどの普請である点などは、大規模な普請が行われた様子を示唆しており、朝倉右京進から伝肇寺への土地売却も、総構普請に関連したものであった可能性が考えられる。

天正一五年と言えば、小田原合戦の三年前である。そして、翌天正一六年の二月には「成就」している総構の普請。小田原城の総構とは、具体的にはこのようにして構築されたものと推察される。

総構の規模

総構については、現在では周囲九㎞と紹介されることが多く、小田原市役所や小田原城のホームページにもそのように記されている。前に取り上げた『北条五代記』には「めぐり五里の大城也」「惣構廻りが五里が内」とあるが、実際には直線距離で八㎞強、およそ九㎞弱の長さである。

図24　小田原城総構，城下張出

図25　小田原城総構，稲荷森

図26　小田原城総構，蓮上院付近の暗渠

総構の痕跡は、現在でも各所で見ることができる。残る総構の痕跡は、いずれも江戸時代以降も維持・継承されてきたものであるが、近代以降の開発により壊されてしまった部分も多く、普請当時の規模ではない。しかし、総構を訪れると、上幅は二〇mを超え、深さも五m・八mを超える規模の遺構を見ることができ、その大きさには驚かされる（図24・25・26）。

総構は、丘陵部を中心にその痕跡が確認でき（図24・25）、低地部でも暗渠水路などとして堀の痕跡が残っている（図26）。それでも現在確認できる総構堀は埋没した状態であり、本来の規模を示すものではない。また、堀に伴って存在したと考えられる土塁の多くは壊されてしまっており、早川口、蓮上院《れんじょういん》裏などでわずかに確認できるのみである。

そのため、本来の総構の規模を確認するには発掘調査成果に頼るしかない。しかし、総構の規模はあまりに大きく、通常の個人住宅建設工事に伴う発掘調査では全貌を確認することはできない。総構では、これまでに三九ヶ所で発掘調査を実施しているが（二〇二三年現在）、いずれも堀法面《のりめん》や堀底などが断片的に確認できている程度である（内、七地点は遺構を確認できず）。総構堀の全貌が確認できた事例は、先に示した伝肇寺西第Ⅰ地点の調査のみであり、大変貴重である。その詳細については次章で詳しく紹介したい。

総構は「大構」？

さて、小田原城の総構は、現在は「総構」との文字で記すが、史料上の表現は様々である。しかし、そのほとんどが江戸時代以降の表現であり、小田原城の「総構」を「惣構」と呼称したのは、天正一八年四月五日付けの浅野左京大夫（幸長）宛て、徳川家康書状であり、それ以前に小田原城の総構を「総構」「惣構」と記した史料は現存しない。この点については前に紹介した。

その一方で、岩付城（埼玉県さいたま市）では外郭線を「大構」と呼称している。韮山城（静岡県伊豆の国市）でも、天正一八年一月二一日付け美濃守（氏規）宛て北条氏政書状に「大構」との文言が登場する。韮山城の「大構」がどこの何を示しているかは不明であ

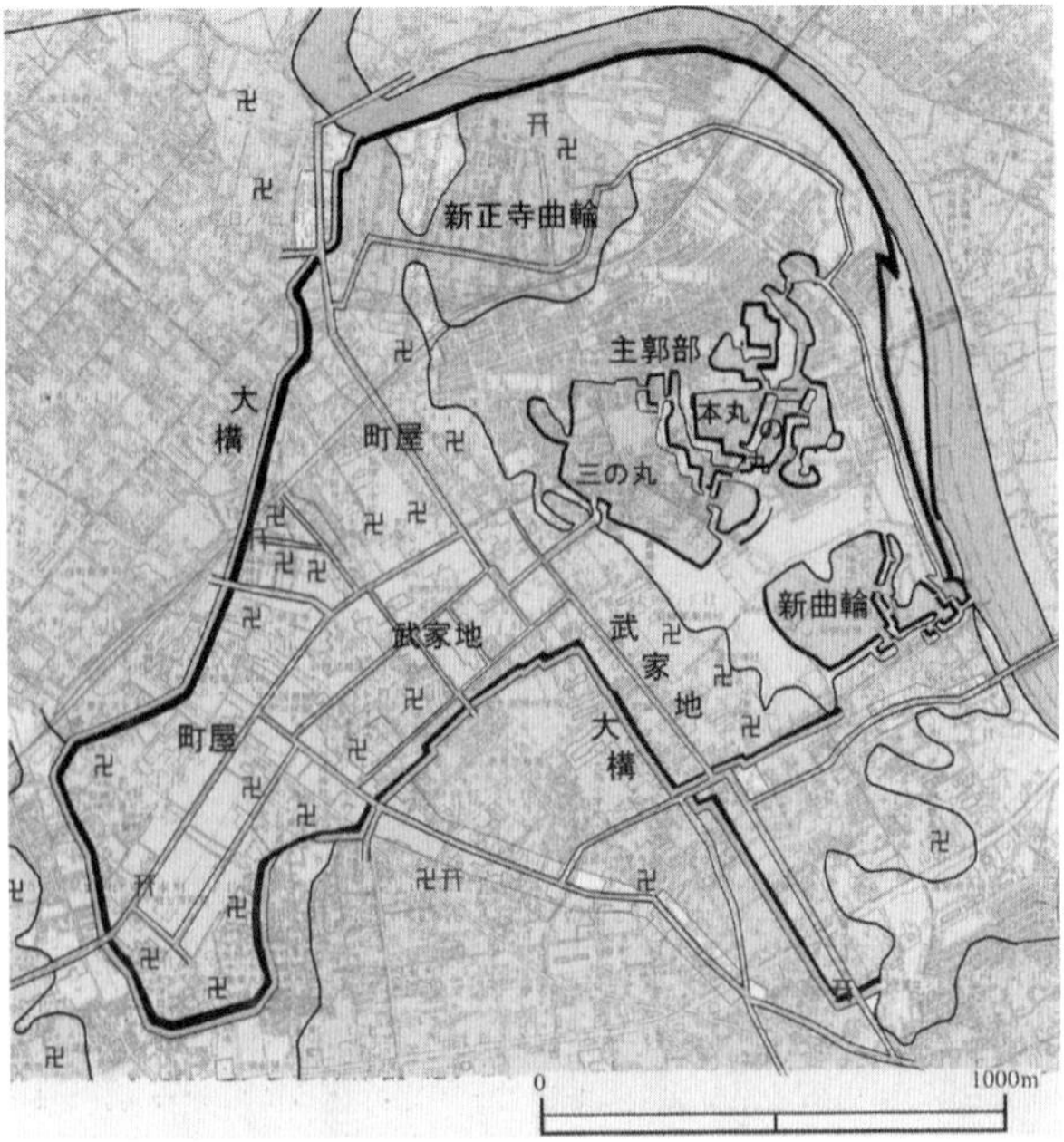

図27　岩付城の「大構」(岩槻市教委2005より)

るが、岩付城の「大構」は江戸時代以降も「大構」と呼称されており、現在もその遺構を確認することができる。この岩付城の事例を汲めば、韮山城の「大構」も外郭線を表現した用語である可能性が高い。韮山城に対する美濃守宛て書状は北条氏政自身が記しており、岩付城の「大構」が小田原城の総構に近似した城郭遺構であることを考えると（図27）、小田原城の総構も「大構」と呼称していた可能性が高いのではないかと考える。

そのため、本書では総構を述べる際に（大構）と付してきたのである。

それが、天正一八年（一五九〇）に徳川家康により「惣構」と呼ばれ、小田原合戦後に総構が各地の城で採用されるに至り、小田原城の大構が「総構」の代表事例となったと考える。

総構の伝播

天正一九年（一五九一）に上洛する北条氏家臣の三浦浄心は、『北条五代記』の中に「駿河の府中、町はづれに大なる堀ぶしんあり、是はいか成事ぞと問へば駿河は中村式部少輔領国なり、去年小田原の城惣かまへ有によて落城せず、是目前の鏡なりとて、府中の城に惣かまへの堀ほらしめ給ふと云、それより京まで海道の城々、みな惣かまへの堀普請ありつるを見たり、今もって猶しか也」と記している。つまり、駿河では中村一氏《なかむらかずうじ》が小田原城総構を手本に「惣かまへ」の普請を行ったということであり、それは東海道沿線の各城郭も同様であるとのことである。また、『備前軍記《びぜんぐんき》』にも

「国々ニ此如き総堀ヲ作リシ所多シ、是ハ相州小田原ノ城攻ニ総堀アリテ寄手ヲ防ギケル故ニ落城ニ手間取りしと云フ事ヨリ、所々総堀ヲセシ所多シト云へり」と、総堀（総構）を造るのは小田原合戦で効果を発揮していたからであると、『北条五代記』と同様の内容が記されている。

天正一八年（一五九〇）の小田原合戦以降に普請された総構の全てが小田原城の総構を手本としたとは言えないが、全国の武将・大名が参加した小田原合戦を契機とした総構の伝播は考えられる。

小田原合戦における小田原城総構の効果が、各地の大名に城郭・城下町の外郭線として総構を採用させる手本となった可能性は想定され、総構あるいは戦国期小田原城の姿が近世城下町の一類型を形成したとも評価できよう。

発掘調査でよみがえる戦国期小田原城

御用米曲輪下層の遺構群

本章では、具体的に発掘調査で確認された戦国期小田原城の様子を見てみよう。

小田原城周辺における発掘調査

小田原城およびその周辺では、これまでに六〇〇地点以上で発掘調査が行われている。しかし、そのほとんどが個人住宅建設工事に伴う緊急発掘調査であるため、各地点の調査面積は広くはない。そのため、戦国期の遺構の展開も断片的にしか確認できておらず、全体像が見え難い状況となっている。

また、小田原城周辺における遺跡名称は、文久年間（一八六一～一八六四）に描かれたとされる通称「文久図」の記載内容に沿って命名されている（図31）。そのため、小田原城周辺の遺跡名は、江戸時代末期の空間構成や性格は示しているものの、戦国期の様相を示しているわけではない。例えば、小田原城三の丸大久保《おおくぼ》弥六郎《やろくろう》邸跡という遺跡名にある大久保弥六郎は大久保氏の家臣であり、貞享三年（一六八六）に大久保氏が小田原に再入封して以降にその場の居住者となった人物である。したがって、大久保弥六郎邸跡との遺跡名は、彼が居住して以降の性格を示しているに過ぎないのである。大久保氏再入封以後も大久保弥六郎の前には渡辺十郎左衛門などが居住しており、稲葉《いなば》氏時代には小野伊右衛門の住まいであった。さらに、戦国時代の居住者が大久保弥六郎であるはずがなく、戦国時代に小田原城の三の丸に相当する場所であったかどうかも不確かである。そのため、遺跡名称が戦国時代の空間構成を示しているわけではないので、戦国期の様相を掴むには遺跡名称に囚われず、ひとつひとつの遺構を丹念に確認していかなくてはならない。

以上のような点から、発掘調査成果から戦国時代の景観に迫るには様々な課題があり、戦国期の小田原城の遺構であると言い切れるものは少ない。しかし、地形条件から考えると、小田原新城の二の丸堀が『明叔録《みんしゆくろく》』に記された「三方有大池」に相当することは間違いない。したがって、小田原新城二の丸堀よりも内側は戦国期も小田原城内であったと考えて良いであろう。

そのような状況から、まずは『明叔録』に記された「三方有大池」とされた大池の内側で、戦国期も城内であったことが確実な史跡小田原城跡御用米曲輪《ごようまいくるわ》の発掘調査成果に着目してみたい。

四代北条氏政居館

　御用米曲輪は、小田原新城の本丸北側に位置する曲輪である。御用米曲輪との名称も江戸時代の小田原新城に伴うものであり、江戸時代に幕府米蔵が置かれたことに由来する。そのため、御用米曲輪との名称は戦国期小田原城の空間構成とは関わりがないが、図20で示した「相模国《さがみのくに》小田原《おだわら》城《じょう》絵図《えず》」では、御用米曲輪の位置に「百間蔵」との註記がある。天正一六年（一五八八）七月一三日付けで煤谷村（神奈川県清川村）から「百間之御蔵材木」を調達する虎朱印状《とらしゅいんじょう》が発給されていることから、天正一六年以降に御用米曲輪の場所に百間蔵が存在していた可能性は想定され、北条氏時代末期から蔵が所在する曲輪であった可能性はある。

　御用米曲輪では、曲輪のほぼ全域で寛永小田原大地震復興工事の際の厚い盛土《もりど》層が確認されている。盛土層の下には地割れが走る被災面があり、この盛土層を境とし、被災面以下が寛永一〇年（一六三三）以前の遺構群であることは間違いない。そして、その被災面の下層からは三間×一〇間（一間＝六尺二寸五分＝一八九㎝）の長大な礎石建物跡が検出されている。桁行が長い建物の構造から、この礎石建物跡が「百間之御蔵」であった可能性が想定されよう。そして、そのさらに下層から多くの礎石建物跡・掘立柱建物跡、切石敷遺構などが確認されている。これらは、出土遺物の様相や土層堆積状況から一六世紀後半の遺構群と評価される。

本書「白亜の天守聳える小田原城」の章でみた小田原城の改修履歴や、前述の「百間蔵」との名称が天正一六年から「相模国小田原城絵図」が描かれた正保年間（一六四四～一六四八）まで継承されていることを踏まえると、天正一六年以降御用米曲輪に改修の手が加わった可能性は低く、これらが戦国期小田原城に伴う遺構であることは間違いないであろう。本書では、これら戦国期の遺構群については、江戸時代の小田原新城に伴う御用米曲輪関連遺構との混同を避けるため、「御用米曲輪下層の遺構群」と呼称することとする。

そして、この御用米曲輪下層の遺構群は、四代北条氏政《うじまさ》の居館跡に伴うものと考えられている。北条氏当主は代々小田原城内での居館位置が動いている状況が指摘されているが（森二〇〇九）、ここが氏政館に比定される根拠は、出土遺物の年代観を基にした考古学的な成果とともに、文献史料の記述に拠る。

それは、永禄一二年（一五六九）に武田信玄が小田原へと攻めてきた時の記録であり、ひとつには「小田原押寄彼城下無残所放火」「号蓮池地迄押入」と、小田原に押し寄せて城下町を焼き払い、蓮池まで押し寄せたという文言がある（『甲斐国志』）。そしてもうひとつは、信玄自身が「為始氏政館悉放火」と北条氏政館を始め、悉《ことごと》く放火したと表現し

図28　御用米曲輪下層検出の建物跡群

ているものである（遠山直廉宛て武田信玄書状）。これらの記述から、武田軍が蓮池まで攻め寄せて放火した位置に氏政館が所在していたものと推察される。

蓮池とは、「三方有大池」とされた大池に相当し、近世以降は御用米曲輪・二の丸の北側の堀の名称として継承されている。戦国期も同様だったと考えると、蓮池の内側となる場所は、小田原新城の二の丸もしくは御用米曲輪ということになり、実際に御用米曲輪下層で濃密かつランクの高い遺構群が検出されたことで、御用米曲輪が氏政館の最有力候補地となったのである。

氏政館に比定される遺構とは、多く

の礎石建物跡と掘立建物跡、切石敷遺構、石組水路、池などである。建物跡は石組水路により区画され、二基の池や庭園を構成する切石敷遺構などを伴っている（図28・29・30）。建物は六尺二寸五分（約一・八九ｍ）の柱間を基準とし、重複関係も確認されることから、何回かの建て替え・変遷が想定される。それでも、遺構配置からは濃密な遺構群が隣接・連携してひとつの空間を形成していたことは間違いない。

小田原城周辺において、礎石建物群が確認されているのは御用米曲輪下層だけであり、複数の庭園跡が確認されているのもここだけである。これらの遺構群の存在は、それだけでも十分に御用米曲輪の重要性を物語っている。

出土遺物、検出遺構群にみる個性

出土遺物としても、御用米曲輪下層ではかわらけの出土比率が九七％を越えており、小田原城周辺では特異な状況を示している（詳細は「戦国大名としての北条氏」の章でも述べるが、小田原城周辺のかわらけ出土比率平均値は三三・一％）。つまり、出土遺物のほとんどがかわらけということになる。しかも、出土かわらけの大半が手づくね成形かわらけ、ロクロ左回転成形かわらけなのである。本書「二代氏綱による小田原整備」の章でも触れたが、手づくね成形かわらけ・ロクロ左回転成形のかわらけは、従来から用いられていたロクロ右回転成形のかわらけとは出土状況に違いが見られ、使用方法に違いがあったことが指摘できる。そのようなかわらけが御用米曲輪下層出土かわらけの大半を占めるとの状況は、御用米曲輪がいかに特別な空間であったかを示す証左ともなろう。

さらに、ここでの石材の利用手法も特徴的である。石材には、切石が多く用いられており、その切石の大半は五輪塔《ごりんとう》・宝篋印塔《ほうきょういんとう》・宝塔《ほうとう》などの石塔部材の二次利用品である。特に池の護岸としての用いられ方は顕著であり（図29）、石塔部材の転用数は調査で確認されているだけで一二〇〇点を超える。また、風祭石《かざまつりいし》（黒色、箱根産溶結凝灰岩）、鎌倉石《かまくらいし》（黄色、三浦半島産凝灰質砂岩）を加工し、色彩を意識してモザイク状にはめ込んだ切石敷遺構は個性的であり（図30）、要所には安山岩《あんざんがん》・緑色凝灰岩《りょくしょくぎょうかいがん》（グリーンタフ）の巨石を配している。隣接して会所と想定される八間×七間以上の大型礎石建物が位置していることから、この礎石建物に付随する庭園と考えられる。

平安時代以来の庭園造りの教科書とも言える『作庭記《さくていき》』では、庭園造りの本質は「乞はんに従う」と示されており、自然に従うことが第一であるとされる。特に、石については、個性を持つ自然石は最も重要な素材とされ、「石を立てる」ことが作庭を意味したとまで言われるほどである（小野健吉二〇〇九）。

このような状況にあって、御用米曲輪下層の庭園は転用石材を中心に加工材が多数用いられており、従来の庭造りとは異なる脈絡・考え方で作庭された個性的な庭園と評価でき

図29　御用米曲輪下層検出の池

図30　御用米曲輪下層検出の切石敷遺構（庭園）

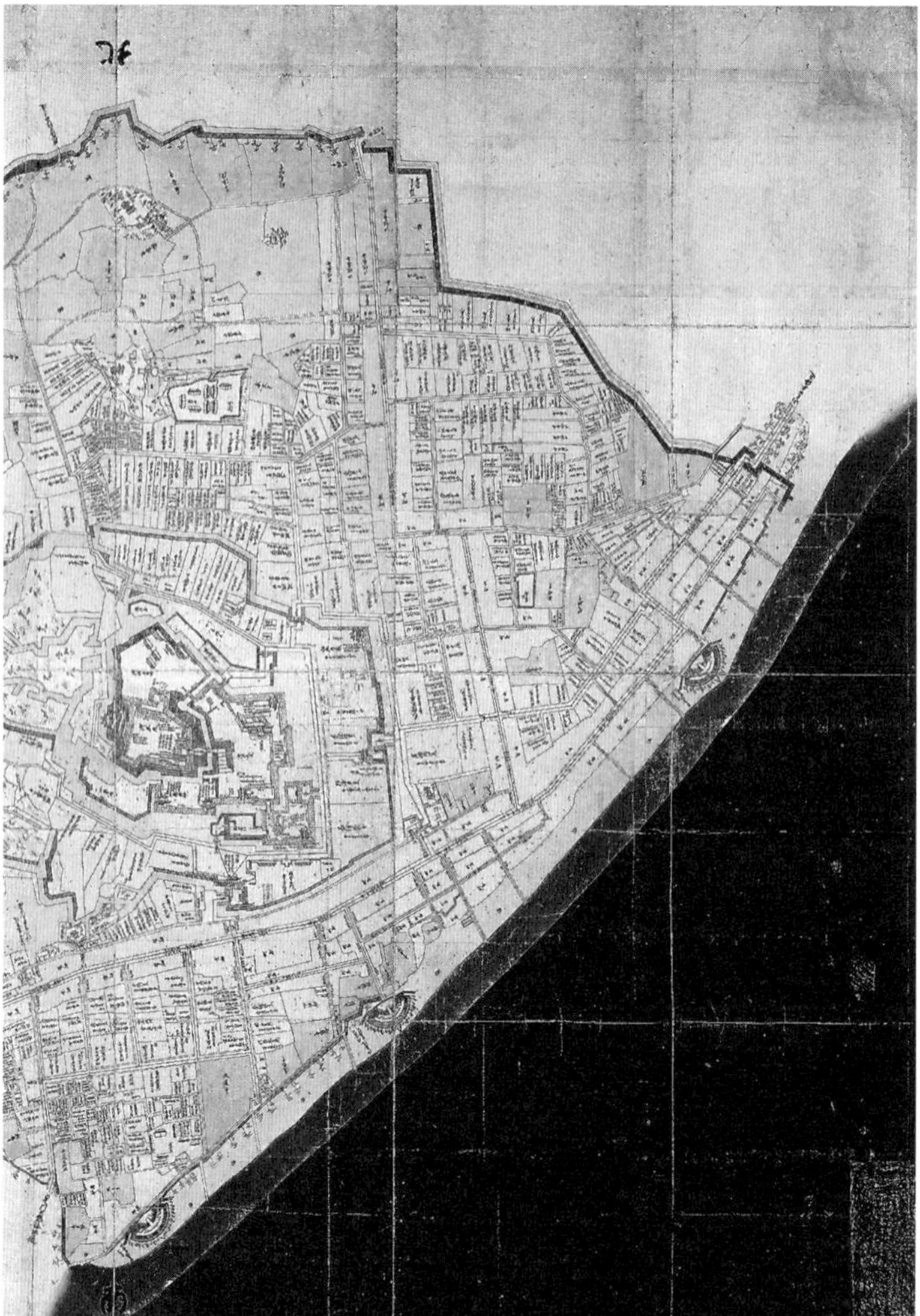

図31　通称「文久図」(小田原城天守閣所蔵)

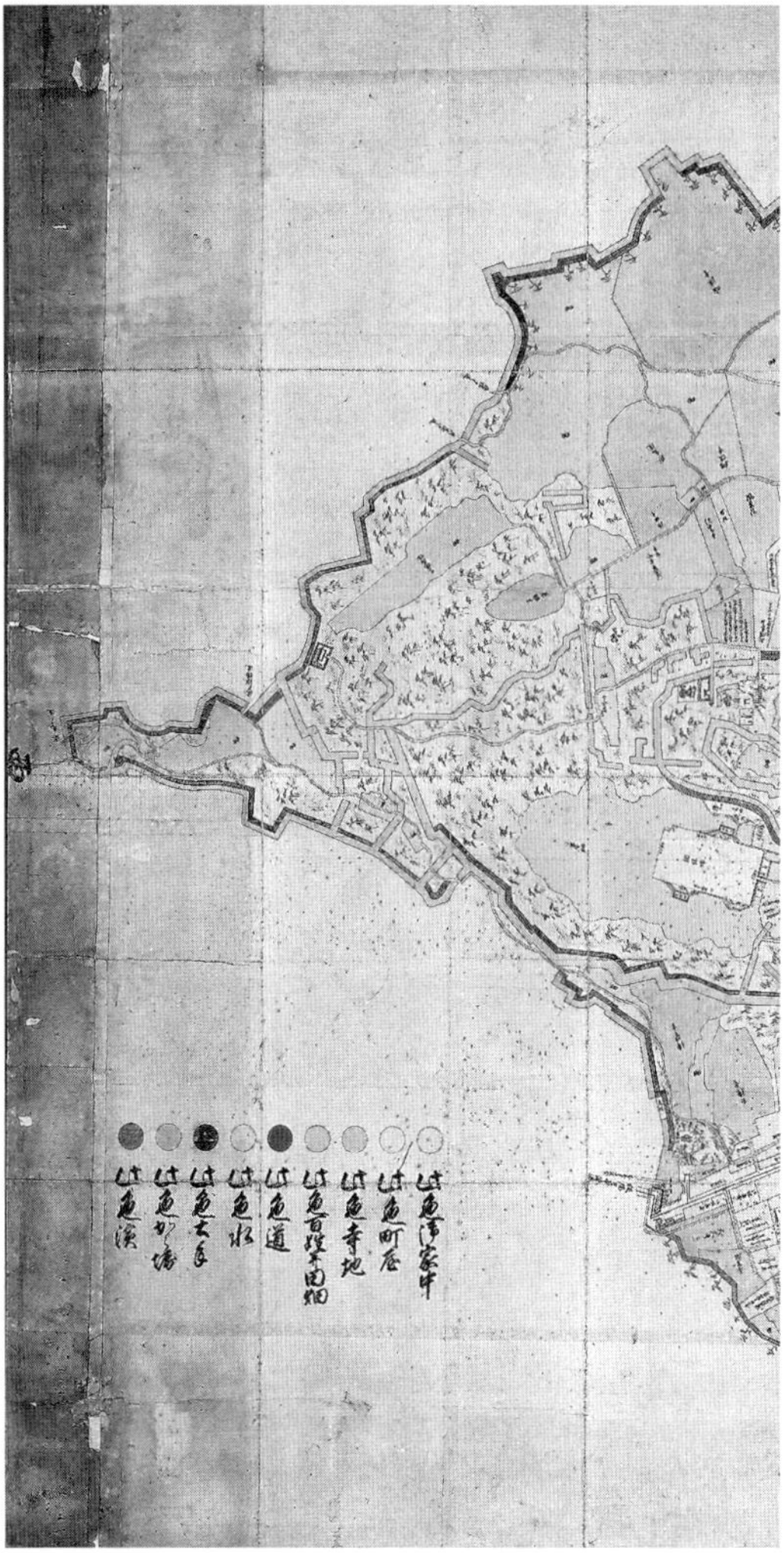

る。御用米曲輪下層で確認された遺構群が、氏政の時代のものであり、氏政館に伴うものであるとするならば、このような個性的な庭園の姿には、氏政の性格と志向性が現れているものと解釈できよう。

そして、前述したように、寛永小田原地震被災面とこれらの遺構群の間には、三間×一

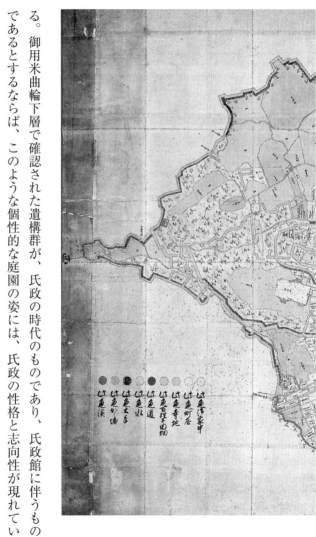

○間以上（一間＝六尺二寸五分）の礎石建物跡が存在している。この建物が天正一六年の虎朱印状にある「百間之御蔵」と考えるならば、御用米曲輪下層の遺構群は天正一六年以前のものであり、御用米曲輪の居館は天正一六年頃には廃絶し、蔵が置かれる空間へと変遷したと考えることができる。

城郭遺構としての堀

この他、間違いなく戦国期小田原城の遺構として確認しやすい遺構は、堀である。小田原城周辺では、多くの堀の痕跡が確認されている。その中には、前章で紹介した近世絵図に描かれている小田原新城の堀もあるが、絵図類には一切描かれていない堀もある。発掘調査において、未発見の戦国時代の堀が確認される事例は少なくなく、まだまだ未知の堀が存在するものと想定される。

構築年代の確かな堀

近世絵図にない堀は、出土遺物の様相からは一七世紀前葉までに埋没しているものがほとんどで、稲葉氏による小田原新城完成までに埋没していることがわかる。そのため、稲葉氏以前の大久保氏段階、あるいは戦国期の北条氏段階に構築された堀ということになる。ここでは、その中から戦国期に構築されたことが明らかな堀を抽出してその特徴を確認してみよう。

しかし、発掘調査で確認される堀は断片的な検出に留まるものが多く、全体像の確認ができないものが大半である。逆に、それだけ小田原城の堀の規模が大きいということでもあるが、戦国期小田原城の堀の位置はまだまだ不明確なところが多い。一方で、近世以降の絵図類で確認できない堀が、本当に小田原城の堀であるのかという点についても判断し難いものがある。文献史料からは北条氏照邸が堀に囲まれていたことが確認でき（伝肇寺所蔵文書・王子神社文書）、小田原城周辺に所在した武家屋敷や寺社を囲郭する堀も存在していた点は考慮する必要がある。

それでも、『明叔録』にある「三方有大池」に相当する堀のように、戦国期小田原城の堀だと断定し得るものもある。新堀や総構（大構）堀も、文献史料から戦国期からの存在が確認できる堀である。前章で紹介した天正一五年（一五八七）六月二日付けの伝肇寺《でんじょうじ》所蔵文書で「北者新堀之はたを限」と記された新堀は、天正一五年の六月の時点での存在が明らかな堀であり、「新堀」と呼称されていることも確認できる。また、前章で検証したように、総構堀はこの時には存在せず、これ以降に構築された堀である。

したがって、天正一五年以前から存在する新堀と天正一五年以降に構築された総構堀を例に、両堀の様子を確認したい。

新堀・総構堀両者に共通する点を抽出すると、どちらも堀内に堀障子《ほりしょうじ》を備えた障子堀《しょうじぼり》であるという点がある。そのため、まずは障子堀について確認しておこう。

障子堀は北条氏固有の堀か

障子堀と言えば、総構と並んで小田原城の代名詞、北条氏が得意とする城郭遺構とも言われる堀である。北条領国であった関東地方では、小田原城をはじめ、山中城《やまなか》（静岡県三島市）・韮山城《にらやま》（同県伊豆の国市）・長久保城《ながくぼ》（同県長泉町）・下田城《しもだ》（同県下田市）・河村城《かわむら》（神奈川県山北町）・丸山城《まるやま》（同県伊勢原市）・花崎城《はなさき》（埼玉県加須市）・私市城《きさい》（同県同市）・深谷城《ふかや》（同県深谷市）・伊奈陣屋《いなじんや》（同県伊奈町）・滝ノ城《たきの》（同県所沢市）・小金城《こがね》（千葉県松戸市）など、多くの城館跡の発掘調査で障子堀が確認されている。そのため、障子堀は「後北条氏固有の築城技法」と評価された時期もあった（小和田一九八六）。

しかし、その後の発掘調査成果からは、北条氏登場以前から障子堀が存在したことが明らかで、全国的にも東北地方（米沢城：山形県米沢市、鶴ヶ城：福島県会津若松市など）から関西（大坂城：大阪市、高槻城：大阪府高槻市など）、九州（小倉城：福岡県北九州市、宇土城：熊本県宇土市など、宇土城の堀は障子堀ではなく造りかけの堀とも）でも確認されている。

これらの遺構の多くは一六世紀末葉、一七世紀初頭に構築されたと考えられているが、同様の障子堀は関東周辺でも小田原新城や鹿沼城《かぬま》（栃木県鹿沼市）、高崎城《たかさき》（群馬県高崎市）、丹生《にう》東《ひがし》城（群馬県富岡市）、仁田《にった》館《やかた》遺跡（静岡県函南町）などでも確認されており、北条氏が直接関わることのなかった城館でも確認されている。

そのため、障子堀が北条氏固有（独自）の遺構であるとは言えないが、北条氏の城郭で多く確認されていることは間違いない。そのため、障子堀は北条氏が好んで採用した築城技術と評価することはできよう。そこで、北条氏が多用した障子堀の役割・用途について確認しておきたい。

障子堀の役割と効果

障子堀との名称は、古くは近世初頭の軍学書や城絵図などで確認することができる。軍学書では、正保二年（一六四五）刊行の北条流（北条氏長）『兵法雄鑑《へいほうゆうかん》』や、寛永一九年（一六四二）刊行の山鹿流《やまがりゅう》（山鹿素行）『兵法《へいほう》神武雄備集《しんぶゆうびしゅう》』にある記述などが最も古い事例となっている。

これら軍学書の中には、障子堀のほか、堀障子・堀内障子・畝障子との用語も登場する。多くの軍学書を分析した小笠原清氏によると、堀障子とは仕切りとなる掘り残した土居《どい》あるいは畝《うね》・障壁のことで、堀障子を持つ堀が障子堀であると整理されている。また、堀障子が十字（田の字）であっても、縦のみ、横のみであっても、いずれも畝堀とは呼ばずに障子堀と呼称されていたことを明らかにしている（小笠原一九八九）。

現在、東海地方以西では、堀障子が十字（田の字）のものを障子堀、そうでないものは畝堀と呼称する場合が多いが、これは研究者個人の定義付けによる使い分けに過ぎず、本来は堀内に畝・堀障子を持つ堀の総称が障子堀であった。

そして、『武教全書詳解《ぶきょうぜんしょしょうかい》』や『兵法抜書疋夫之抄私解《へいほうぬきがきひっぷのしょうしかい》』などの近世の軍学書で解説される障子堀の役割と効果について整理すると、以下の点が期待されていたことがわかる。

①傾斜地や高低差のある堀で保水・貯水する。
②幅広の堀に用い、一度に水が引くことを防ぐ。
③水底に障壁を設けることによる防御機能。
④堀を泥堀とする。
⑤工事手段（足場として用い、その一部を①～④のために残す）。

これらは江戸時代以降の軍学書に示された解釈であるため、戦国時代に同様の効果が期待されていたかどうかは不明である。それでも、軍学書で以上のような役割と効果が指摘されている点は、障子堀の役割を考えるうえで参考になろう。

小田原城においては、①にあるような斜面地で障子堀が採用される事例が多く、埼玉県内などの低地部の城館では、②にあるような幅の広い堀に用いる事例が多いように思われる。そして、障子堀の機能として、城郭研究者・軍事研究者などによりよく取り上げられるのは③の効果であり、『武教全書詳解』では「忍ナト付事ナラサル為ナリ」と忍者対策

図32　上平寺城（滋賀県米原市）の堀切に見られる障壁

であるとの見解が示されている。また、④にあるように、堀底に障壁があれば泥も溜まりやすくなり、泥堀とすることは容易であろう。

①の要素は、物理的な条件を考慮すれば当然のことであり、斜面地の堀に堀障子が無ければ、水は低い方へと集まり、山裾は大水に襲われることになる。まさに、堀障子は斜面地でダムのような効果を発揮し、その存在により地形の高低差に関わりなく水堀とすることができる。

山城において堀切から竪堀へと連続する堀の結節点に障壁が確認される事例は各地でみられるが（図32）、それは障子堀の①と同様の役割を果たしていると言える。

　このように、①②④は物理的な要素で考え得ることであり、結果として③の効果も期待し得る点であろう。そのように考えると、この中で一番例外的な役割は⑤である。果たして、本当に⑤のような役割があるものかと思われるが、前にも提示した小田原城元蔵堀第Ⅷ地点の発掘調査では、掘削途中で放棄された堀が確認されている（図7）。その様子からは確かに⑤の要素が垣間見える。

　図7や図33を見る限り、見た目はまさに障子堀である。堀障子の一部に階段が付けられていたり、堀底に未掘部分があったりする点から未完成の堀であることがわかる。

　このように、掘削途中の堀が障子堀に近似した形態である点は興味深い。この様子は、障子堀に⑤の要素があることを裏付けており、前掲の宇土《うと》城の堀が障子堀・未完成の堀と評価が分かれている点なども、どちらも間違いではないということになる（図34）。

　小田原城では、このような障子堀が多用されており、これまでの発掘調査における検出例は四四地点におよぶ（二〇二三年現在）。この様子から、戦国期小田原城の堀の大半が堀障子を備えた障子堀であったと考えられる。

　また、小田原合戦後、大久保忠世《ただよ》・忠隣《ただちか》の段階に改修された堀にも障子堀が採用される事例が散見される。北条時代の障子堀とは異なり、堀障子が小規模かつ不整形のものが目

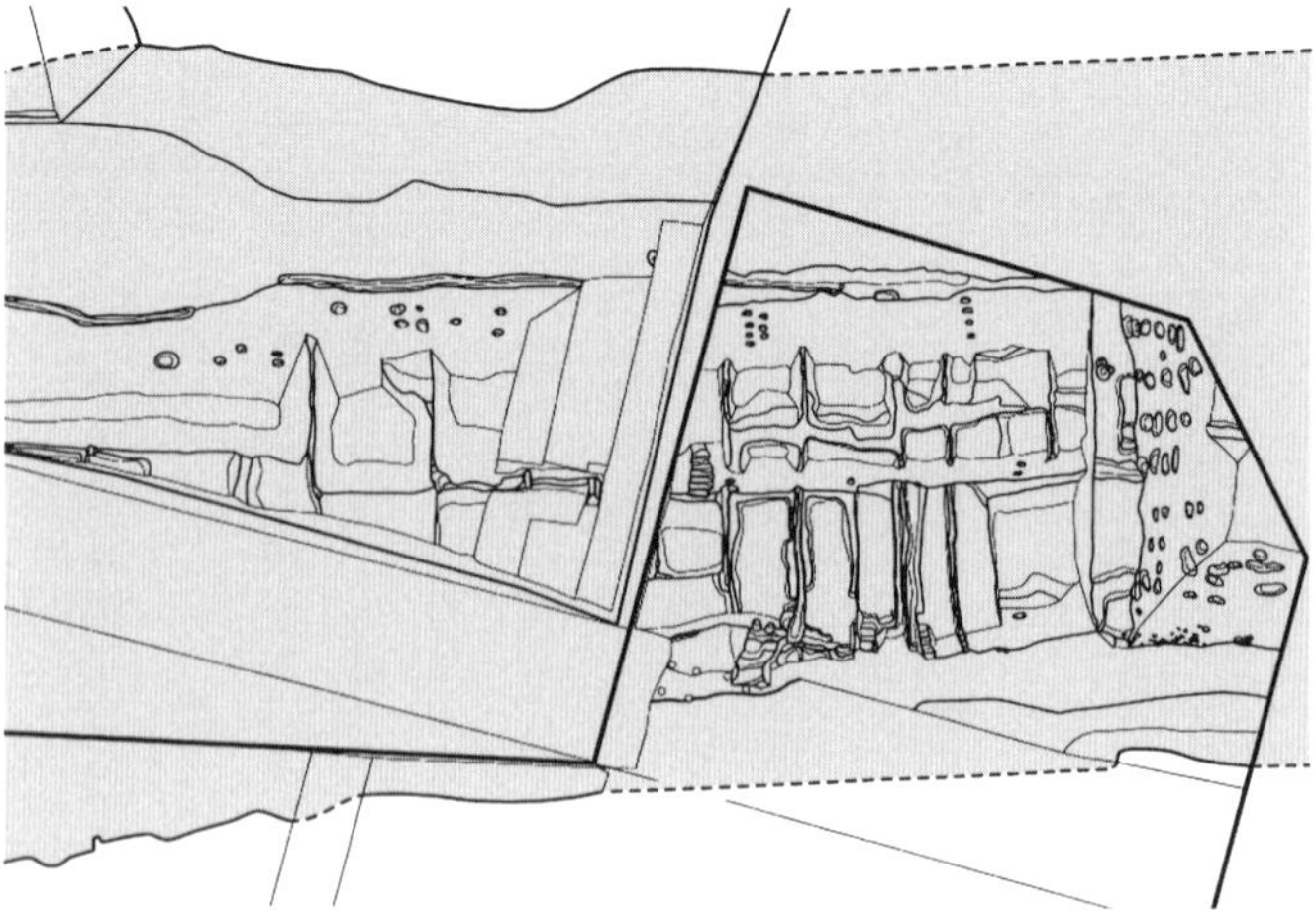

図33　元蔵堀第Ⅷ地点の平面図

図34　整備された中世宇土城千畳敷の堀

立つが、これも大久保氏が戦国期小田原城に採用されていた障子堀の効果を認識し、取り入れたものと言えるのではなかろうか。

そのような意味では、一六世紀末以降に鹿沼城や高崎城、丹生東城などで障子堀が採用された背景も同様と考えられ、間接的ながら戦国期小田原城の影響があったものと言うことができるかもしれない。

以上の障子堀の役割と効果を押さえつつ、新堀と総構堀の検出事例を確認してみよう。

堀の規模と特徴

新堀では、これまでに一三地点で発掘調査が実施されている（二〇二三年現在）。そのうち、第Ⅶ地点・第Ⅷ地点の調査成果を紹介する。

三の丸新堀第Ⅶ・Ⅷ地点

新堀は、小田原新城の三の丸堀と繋がるため、遺跡名は「三の丸新堀」と名付けられており、その7地点目・8地点目の調査が第Ⅶ地点・第Ⅷ地点となる。両者の調査成果を合わせて復元した図面が図35である。

両地点は隣接しており、ちょうど伝肇寺所蔵文書で取り上げられている場所に該当する。紙幅の関係から少々怠けた提示になるが、図23に「新堀」とキャプションを打った位置の「堀」の字の位置が第Ⅶ地点、その東側が第Ⅷ地点である。

この辺りでは、堀の北側法面は現状でも確認できるが、南側は大きく削平《さくへい》されているため、正確な堀の上幅は確認できない。発掘調査で検出した堀底の幅は七m以上あり、残る北側法面の勾配を考慮すると堀法面の傾斜は五〇度以上、堀の深さは一〇m前後となる。このことから考え得る新堀の上幅は、二〇mを超える規模であったと推察される。

小田原城丘陵部の堀は、地質的に硬質かつ粘質な関東ローム層を地山とする場所に構築されている。そのため、石垣を用いずとも急勾配の切岸を構築することが可能であり、堀法面の勾配も五〇度以上、七〇度になるものも見受けられる。

堀底には、同じ関東ローム層を掘り残した堀障子があり、その高さは一・五m前後である。堀障子基底部の幅は約二・五m、上端幅は〇・六mで、堀障子の上には深さ〇・三mの溝が切られている。堀障子を挟んだ両側の区画の堀底レベルは異なっており、旧地形も同様な傾斜地であることから、前述した障子堀の役割と効果のうち、①の効果が期待されて構築されたものと推察される。すなわち、斜面地の堀に堀障子を設けて鉄砲水を防ぐとともに、堀障子上端に溝を造ることで、水を上から下へとオーバーフローさせ、斜面地の堀をも水堀として機能させていたのである。

第Ⅶ・Ⅷ地点の調査成果から確認できる堀障子と堀障子の間隔は約一三mであり（図35）、それぞれの堀底にはさらに小規模な突起状の障壁が備えられている。同様の小規模な堀障子は本町遺跡第Ⅲ地点検出の障子堀でも確認されており、障子堀の役割のうち、②

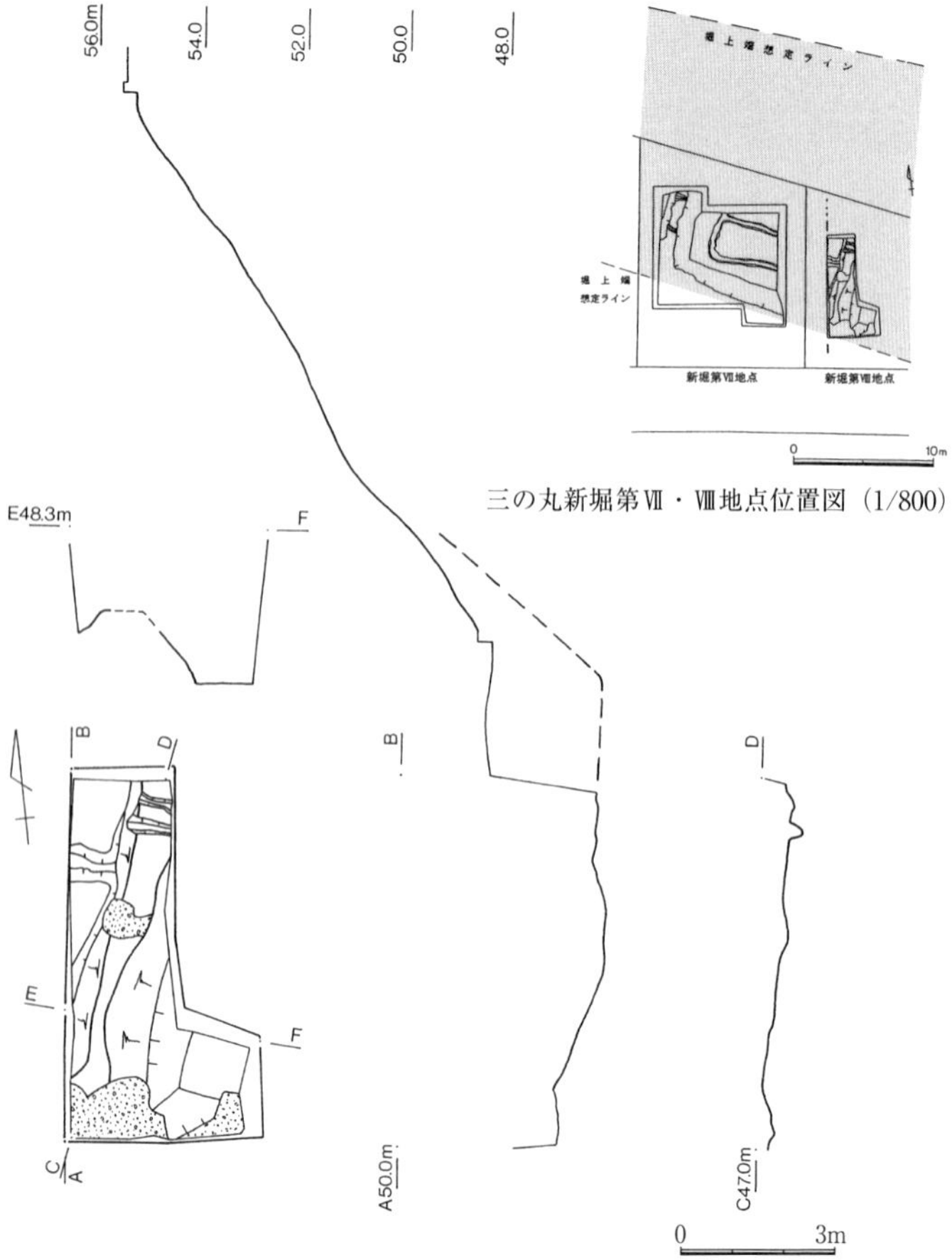

三の丸新堀第Ⅶ・Ⅷ地点位置図（1/800）

図35　三の丸新堀第Ⅶ・Ⅷ地点で確認された新堀の実測図（1/200）

や④の効果を目的に構築されたものと考えられる。

小峯御鐘ノ台大堀切東堀

さらにもうひとつ事例を加え、新堀の様相を確認しておこう。

小峯《こみね》御《お》鐘《かね》ノ《の》台《だい》大堀切《おおほりきり》東堀は、総構が普請されて以降、同大堀切中堀・同大堀切西堀とともに、「小峯御鐘ノ台大掘切は、（中略）東堀、現在、道路となっている中堀、そして、その西側に位置する西堀の三本の掘切（ママ）によって構成される」と説明されるように（諏訪間ほか一九九六）、一連の遺構として評価されることが多い。『北条五代記』に「二の山の間に三重の堀をほり、小嶺山を城中に入」とあるのも同意であろう。

しかし、実際には小峯御鐘ノ台大堀切東堀は新堀と同一の堀であり、新堀の最西端に位置している。一方、西堀は総構堀に連続し、総構構築段階に成立した堀と考えられるため、東堀と西堀は明らかに構築時期が異なる。中堀については、東堀と西堀の間に配された堀であることから、新堀と同時、総構堀と同時、どちらとも考え得る堀である。残念ながら、時期を判断し得る考古学的な成果は得られていないため、中堀については現時点ではどちらの堀に伴って構築された堀かは不明である。いずれにしても、小峯御鐘ノ台大堀切東堀＝新堀である。

小峯御鐘ノ台大堀切東堀は、現況土塁上から測った堀幅は二五mから三〇m、深さはお

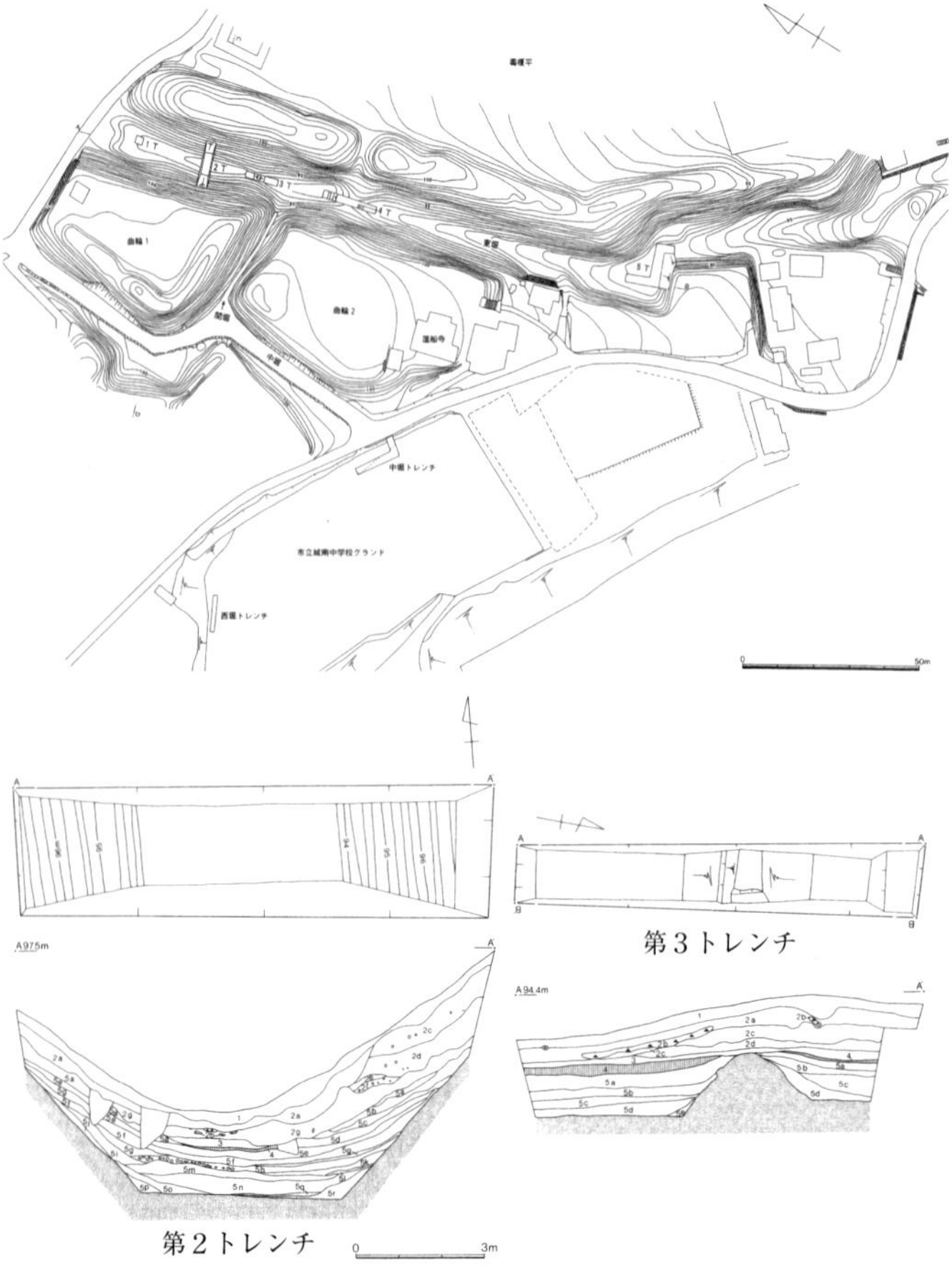

図36　小峯御鐘ノ台大堀切と同第2・3トレンチ実測図（1/600・1/25）

よそ八mであるが、発掘調査で確認された堀底の深さを考慮すると、深さは一二mから一五mとなる。堀法面の角度は四五度から五〇度、堀障子は第3トレンチで一箇所確認されており、高さは一・一m、基底部幅三m・上端幅は〇・九mであった（図36）。これは、三の丸新堀第Ⅶ・Ⅷ地点で確認された堀障子の規模と同等と評価できよう。

また、堀クランク部の角、堀法面から堀底への屈折点が正確かつ直線的となっている点は特徴的であり、堀法面の勾配も均一で几帳面なほどに直線的となっている。このような堀の形状は、小田原城においてはこの時期の堀に見られる特徴であり、図36を見ても明らかなように、堀法面の等高線がほぼ等間隔で真っ直ぐな状況となる。この特徴については、後で詳述したい。

総構　伝肇寺西第Ⅰ地点

次に総構堀である。総構では、これまでに三九ヶ所で発掘調査が実施されている（二〇二三年現在）。しかし、堀の規模があまりに大きいため、その全貌が確認できた事例は伝肇寺西第Ⅰ地点だけである点は前に紹介した通りである。ここも、奇しくも図23で示した伝肇寺文書の範囲に含まれており、図中にある伝肇寺の西隣りに該当する。

伝肇寺西第Ⅰ地点で検出された堀は、上幅一六・五m、堀底幅六・五m、土塁構築面からの堀の深さは一〇mである。法面の角度は五七度から六三度であり、堀底には堀障子があ

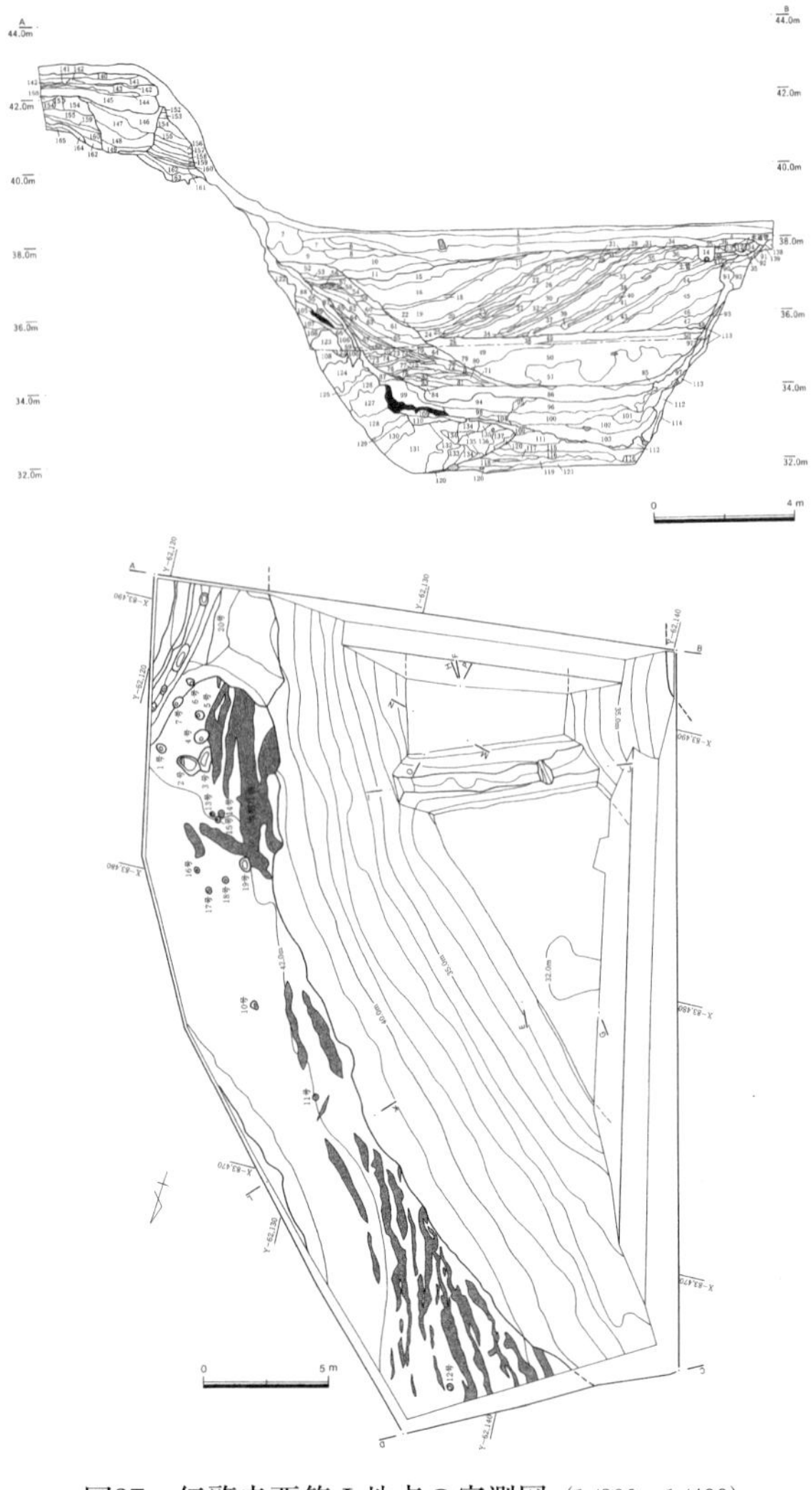

図37　伝肇寺西第Ⅰ地点の実測図（1/300・1/400）

り、高さ一・二mから一・七m、基底部幅二・四m、上端幅は〇・五mから一・〇mで、上端部には深さ〇・三五mの溝が切られていた（図37）。土層堆積状況からも湛水していた痕跡が確認されており、総構堀も堀障子上端の溝により湛水をオーバーフローさせることで、斜面でも水堀（泥堀）として機能させることを考慮した堀であったと考えられる。

前章で確認した総構構築過程を考えると、これほどの規模の堀をわずか一年あまりの期間で構築したことになる。その総延長は九kmに及び、それだけの規模の堀を短時間で構築した北条氏の動員力には驚かされる。また、総構は小田原城の外郭線であるため、攻め寄せる敵方が最初に取り付く場所でもある。その堀の壮大さは小田原城の要害ぶりを痛感させるのに十分な装置であっただろう。

それは、小田原を訪れる者にとっても同様であったはずであり、小田原を訪れた者は、小田原外縁部に配された総構の規模と大きさに小田原城の堅固さを感じ、合わせて北条氏の権威や経済力を知ることになる。

なお、伝肇寺西第Ⅰ地点では、堀覆土中で宝永《ほうえい》火山灰の層が確認されている。宝永火山灰は、宝永四年（一七〇七）の富士山噴火に伴って降灰した火山灰である。小田原市内の発掘調査では度々確認されるが、当時の風向きの関係が影響してか、検出される場所とされない場所がある。小峯御鐘ノ台大堀切東堀の調査でも確認されているが、伝肇西第Ⅰ地点では堀底から一・七mの位置でそれなりの厚みを持つ純層として宝永火山灰層が確認されている。

このことは、一七〇七年の時点で総構堀が八m以上の深さを有した状態の開渠であったことを示している。つまり、小田原合戦の敗戦や慶長一九年（一六一四）の大久保忠隣改易に伴う破却を経ても、一七〇七年の時点で総構堀が健在であったことを示している。近世以降も小田原城の総構堀はその存在感を保持したまま、残存していたのである。

以上、発掘調査で確認されている新堀と総構堀について概観した。ここで両堀の調査成果から確認できる特徴をまとめておこう。

新堀・総構堀にみる特徴

両堀構築の狭間である天正一五年（一五八七）という年は、四代氏政《うじまさ》が家督を相続してからは二八年が経過しており、隠居した三代氏康《うじやす》が没してからも一六年が経っている。天正一五年時点の当主はすでに五代氏直《うじなお》となっているが、御隠居様氏政が北条家の最高権力者として実権を握っている時期である。新堀は、天正一五年時点で「新堀」と呼ばれている状況から、その構築時期は天正一五年を大きくさかのぼるとは考えられず、新堀の構築を主導したのは氏政であったと考えてよいであろう。また、天正一五年から構築された総構堀も同じく氏政主導で構築された遺構と言えよう。

氏政は、残る文献史料からも城郭普請に対して細かく指示を出している様子が確認できる。津久井城《つくい》（神奈川県相模原市）や韮山城（静岡県伊豆の国市）の普請に指示を出しているのは隠居後であり、隠居後も氏政が城郭普請に影響力を持っていたことは間違いない。

そのような状況にあって、新堀（および小峯御鐘ノ台大堀切東堀）には特徴的な点があった。それは総構堀とも共通する点であるが、斜面でも堀を水堀とするために障子堀としている点、堀幅は広いもので三〇mに及び、深さも一〇m以上となるという大規模な点、堀法面の勾配が五〇度以上となる点などであった。

斜面において、水を湛えた堀に降り（あるいは落ち）、足が濡れた状態となれば滑りやすい関東ローム層の堀法面を登ることはほぼ不可能である。深さがあり、急勾配の小田原城の堀は、攻め手にとっては堅固な城壁として立ちはだかったことであろう。関東ローム層という地質が小田原城を要害化している。

また、小峯御鐘ノ台大堀切東堀と同じように、新堀の延長戦上に位置する鍛冶《かじ》曲輪東堀第Ⅱ地点などの何箇所かで堀法面に掘削時の工具痕が残るものがある（図38下段）。これも硬質かつ粘質な関東ローム層ならではの特徴ということができるが、それは構築時の形状が良好に残っていることの証拠でもある。それらの堀に共通するのは、直線的でコーナー部分などの稜線が真っ直ぐに通っていることである（図38上段）。法面から底面への角度も鋭角で、几帳面どころか神経質とも言えるような直線となっている。

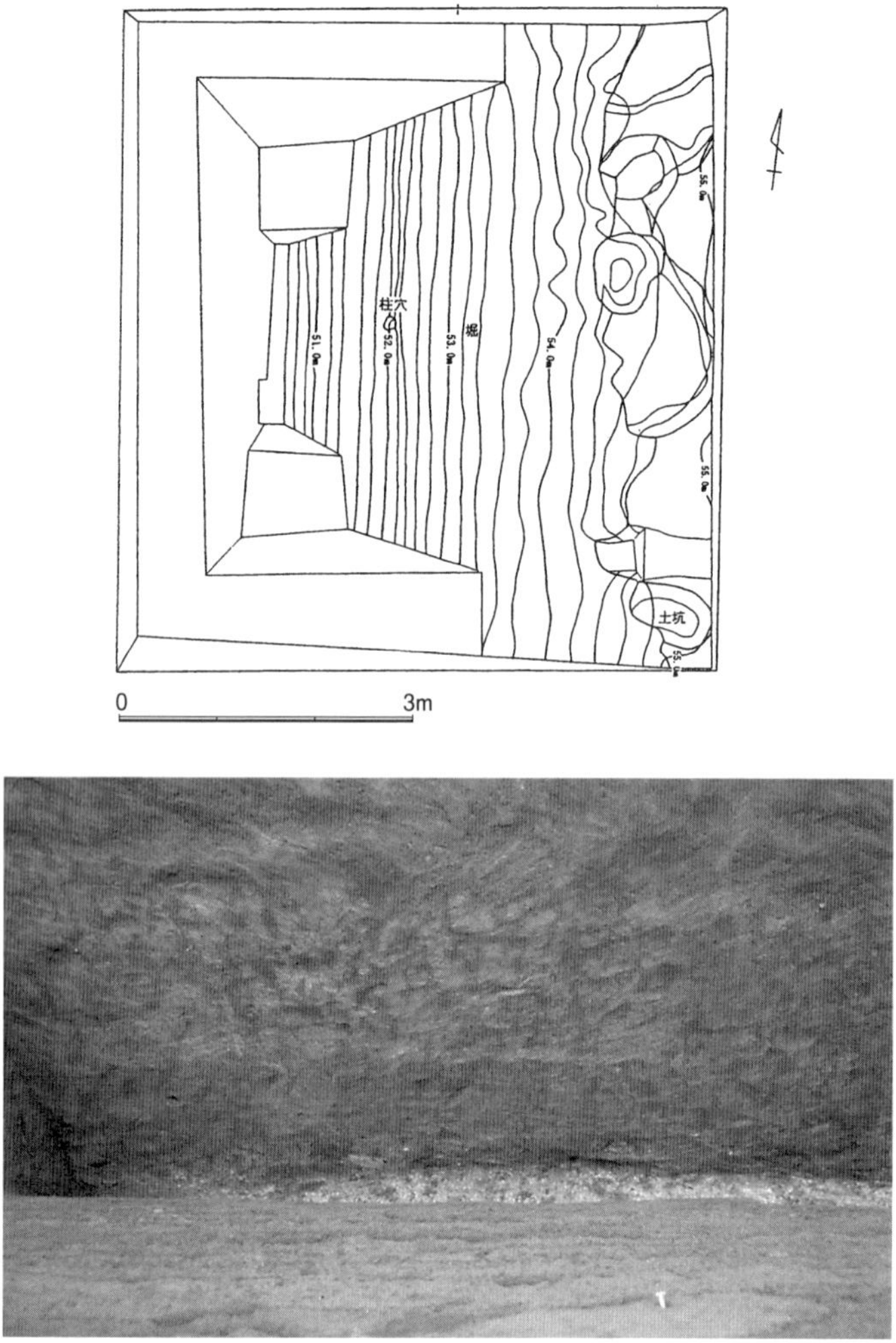

図38　鍛冶曲輪東堀第Ⅱ地点の実測図（1/100）と堀法面の工具痕

以上の点については、小峯御鐘ノ台大堀切東堀の紹介の際にも述べたが、このような特徴を有する堀は、出土遺物の様相や遺構の切り合い関係などから、一六世紀後葉に構築された堀である場合が多い。

図39　立体交差する堀（小峯御鐘ノ台大堀切東堀～同中堀入堀）

図40　立体交差する堀（総構堀～谷津山ノ神堀切）

一七世紀以降の大久保時代の堀との違いは明確であり、我々小田原で発掘調査に携わっている者は、このようなシャープな堀の形態こそが氏政が主導して構築した堀の特徴と考えている。氏政については、残る文書類からも神経質な性格であったことが読み取れる。新堀や総構堀は、まさに文献史料から垣間見える氏政の几帳面かつ細かい性格を考古学的な所見からも立証し得た事例である。

その上、現地で確認すると明確であるが、これらの堀は平面的ではなく立体的に配置されている。地図や平面図で見ると、小田原城の堀はT字やL字で接しているように見えるが、実際には立体的に交わっている場合が多い。段差により、堀底を進んでも内側の堀には進めないという状況を作っており、このような堀の配置も小田原城の堅固さを際立たせている（図39・40）。

さらには、堀に伴う土塁も存在したはずである。現況では土塁は削られ、失われている場合が多いが、大規模な堀を掘れば掘るほど、掘った土を積み上げて造る土塁の規模も大きくなったはずである。

北条氏の築城技術

わずかに残る戦国期の土塁

小田原城の丘陵部は、要害の地であることから江戸時代以降は「お留《と》め山」となり、一般人の出入りが禁止された。そのため、江戸時代に丘陵部が大きく改変されることはなかったため、戦国時代の状況が残っている場所が多い。前述したように、総構（大構）堀が一七〇七年の宝永火山灰降灰時に深さ八m以上の状態で開渠であった様子などは象徴的である。

しかし、土塁は地上に土手状の高まりとなっていることから、近代以降に崩されてしまった場合が多く、残存する箇所は少ない。現在確認できるのは、百姓曲輪や小峯御鐘ノ台大堀切東堀などの一部である。しかもこれらの遺構は、いずれも当初の状況を伝えているわけではなく、経年の中で崩落・崩壊を経験した後の姿である。では、当初の土塁の規模

図41　山本内蔵邸跡第Ⅺ地点検出の土塁

はどのようなものであったのだろうか。

やはり、発掘調査で確認された遺構で確認してみよう。土塁についての調査事例は極めて少ないが、伝肇寺西第Ⅰ地点で土塁の一部が確認されている（図37）。大半は失われていたが、土塁の構築方法が確認できたという点では重要な調査となった。

確認できた土塁の規模は、幅約五・五m、高さ二・三五mであった。土塁は、地山を六〇cm程度掘り下げて構築面を成形し、その上に堀掘削土を積み上げている。最初に一m前後の厚さで盛土し、続いて一〇cm前後の薄い土層を版築しながら五〇cm前後の高さまで重ねていく。そして再び八〇cm前後の盛土をするという構築状況である（図37）。

なお、小田原城の土塁ではないが、膝下の武家屋敷に伴う土塁と考えられるものに山本《やまもと》内蔵《くら》邸跡第Ⅺ地点検出の土塁がある（図41）。障子堀の内側に築かれた土塁であり、検出した土塁の高さはおよそ〇・六m、幅は一・五m以上であった。この土塁で特徴的であったのは、土塁上に切り株や立ち枯れのスギが並んでいた点である（図41）。いずれの樹木も同等の規模であったため、意図的に土塁上に植栽されていたものと考えられる。放射性炭素年代測定の分析では、スギは一四五〇〜一六一六年の年代値を示していた。

小田原城本体に伴う堀・土塁ではないが、土塁上の景観、土塁の維持・管理について検証し得る貴重な調査事例と言えよう。

戦国期小田原城の石垣

また、戦国期の小田原城に石垣が存在したことはあまり知られていない。しかし、「小田原城仕寄陣取図」には「石クラ」の文字があり（図17）、島原市立図書館所蔵の松平文庫所収の『小田原陣図《おだわらじんず》』にも「石カキ」「是ヨリ石カキ」の文字がある。

関東地方は広大な関東平野が広がり、硬質・粘質な関東ローム層に覆われた土地柄である。そのため、石垣・石積みで擁壁《ようへき》を造らなくても急斜面や切岸などを構築することが可能である。このような関東ローム層の特徴は、前に堀法面を急勾配にできる要素としても紹介した。以上の特徴から、関東地方では石垣を用いない土の城が多く、城館に石垣を用いる必要性は乏しい。

石垣を用いない点は、江戸時代以降も同様である。幕府お膝元との立地環境も関連し、総石垣あるいはそれに類する規模で石垣を用いているのは、江戸城と小田原新城ぐらいで、その他は虎口《こぐち》・櫓台《やぐらだい》などに断片的・部分的に石垣を利用する程度であった。

それでも、小倉《おぐら》城（埼玉県ときがわ町）や太田金山《おおたかなやま》城（群馬県太田市）などのように、城館が立地する山で産出する石材を用い、戦国期から石垣を採用した城館も散見される。北条氏の主要支城である八王子《はちおうじ》城（東京都八王子市）や鉢形《はちがた》城（埼玉県寄居町）、箕輪《みのわ》城（群馬県高崎市）などでも石垣が確認されている。

これまでの小田原城周辺の発掘調査でも、井戸や石組水路、方形竪穴状遺構で石が積み上げられている事例は確認されており、小田原に石を積み上げる技術がなかったわけではないことは知られていた。そのような中、近年「小田原城仕寄陣取図」とは異なる場所ながらも、石垣と呼称し得る遺構が確認されている。

確認された遺構は、人頭大以上の礫を残存高一m以上積み上げているもので、裏込《うらご》めには栗石《ぐりいし》を用いている。これは井戸や方形竪穴状遺構で見られる積み方とは異なっており、石垣と呼称し得る構造と考える。これまでに、八幡山古郭《はちまんやまこかく》東《ひがし》曲輪と御用米曲輪下層で二箇所の合計三箇所で同等の遺構が検出されており、石材には安山岩の円礫が用いられている。どちらも戦国期小田原城の中枢部で確認されたということは特徴的である。

八幡山古郭東曲輪では一・二m以上（2号石積、図42）、御用米曲輪下層では一・六五m程

図42　八幡山古郭東曲輪第Ⅱ地点検出の石垣

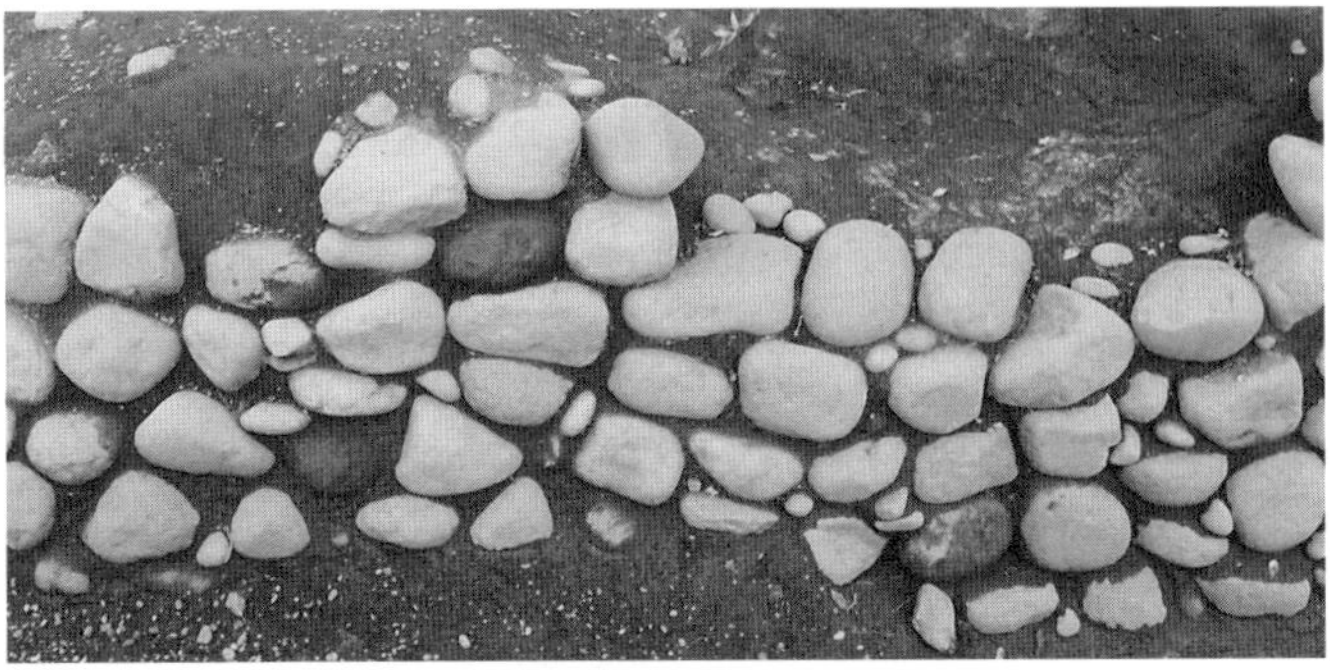

図43　御用米曲輪下層検出の石垣

度（1号方形竪穴状遺構）、一・三m以上の高さで積み上げられており（5号石積遺構、図43）、八幡山古郭東曲輪2号石積は階段状の道路状遺構の山側裾部、御用米曲輪下層の5号石積遺構は堀法面に構築されている。いずれも、石と石との間詰めには土を挟んでおり、これは鉢形城、箕輪城、小倉城でも確認されている手法である。

このように、物理的には絶対的に必要なものとは言えない状況ながらも、関東地方においても石垣が採用される事例は存在し、小田原城も例外ではない。

小田原の西に位置する箱根山は火山の集合体であり、石材の産出地でもある。したがって、素材となる石材は豊富である。また、小田原には、北条氏に仕える石切《いしきり》（石工）集団がおり、北条氏の下で活躍していた（佐々木二〇一九）。そのような石切集団の存在は、小田原城に石垣を用いることを可能にしたであろう。

関東地方の石垣については、齋藤慎一氏により「地覆石《じふくいし》」「顎止め石《あごどいし》」を用いた技術の存在が紹介されている。これは、根石の一段目から半石分ほど奥側にずらして二石目を積み上げる手法であり、太田金山城や八王子城などにおいても確認されている手法である（齋藤二〇一〇）。同様の手法で構築された石垣は、慶長年間（一五九六〜一六一五）の小田原城三の丸東堀でも確認されており、同石垣は大久保忠世・忠隣の段階の遺構であることが確認されている。齋藤氏は、これらの事例について、同等の技術が時代を隔てて持たれていた状況を示す事例と指摘している。

角馬出は北条氏の特徴か

さて、北条氏の築城技術を代表するものとしては、角馬出《かくうまだし》がある。角馬出は、北条氏の城館で見られるものと説明されることが多く、滝山城《たきやまじょう》（東京都八王子市）や鉢形城、山中城《やまなかじょう》（静岡県三島市）の事例などがよく紹介される。

本城である小田原城について見ると、発掘調査による遺構としての検出事例はなく、小田原新城を経た縄張図《なわばりず》（絵図など）を見ても、角馬出と位置づけられる城郭遺構は数ヶ所程度である。八巻孝夫氏は、角馬出が北条領国以外でも見られることを指摘し（八巻一九九〇）、齋藤慎一氏も関東地方では北条氏以前から角馬出が存在する事例を紹介している（齋藤二〇一〇）。齋藤氏は、前出の石垣の事例と合わせ、戦国大名単位での築城技術、一個の大名で完結する築城技術の存在を否定し、築城技術の伝播についても論を展開している。

以上の様相を見ると、北条氏が障子堀を多用していることと同様に、角馬出についても好みや得意・不得意といった要素の中で、北条氏により採用された遺構と評価することが適切なように思われる。したがって、北条領国に多いとの特徴は指摘できる可能性があるが、齋藤氏が言うように大名が特定の築城技術を保持あるいは利用していたという点は、考古学的にも示し得ない。角馬出についても、江戸時代以降の軍学・縄張論の中で定義付けられた情報が先行しているように思われる。

「北条氏の角馬出」については、そのような客観的な評価が必要だと考える。

要害堅固な小田原城

現在も小田原城の丘陵部を訪れると、大規模な戦国期小田原城の遺構を見ることができる。幅が三〇m、深さが一〇mを超えるような堀が存在し、小峯御鐘ノ台大堀切東堀では、その堀底を歩いて堀の規模を体感することもできる。

それだけでも、戦国期小田原城に巡らされた堀の壮大さは、十分に伝わるであろう。しかし、それらの遺構も土地利用の変遷の中で、削平あるいは崩壊を経たものである。本来の姿とは大きく異なっていることは、ここで紹介した発掘調査事例からも明確である。発掘調査を行うと、幅・深さともにさらに壮大な遺構が地面の下には残存している。しかも、その堀の法面は、現状では腐葉土に覆われているものの、実際は滑りやすい関東ローム層の急勾配で、堀底には地山《じやま》を掘り残した堀障子があり、斜面でも水を湛える水堀となっていた。そのような堀が小田原城の周りを幾重にも取り巻いていたのである。

これが発掘調査成果により確認できた戦国期小田原城の景観である。

戦国期小田原城については、いまだ発掘調査が及んでいない部分が多く、全貌を確認することはできていない。したがって、現状で本書を著すことは筆者にとっても大きな冒険である。また、すでに遺構が壊されていて、発掘調査でも確認できないという事例も少なくない。そのため、今後も戦国期の小田原城の様相を完全に確認することはできないかもしれないが、断片的に見える遺構からだけでも戦国期の小田原城がいかに壮大で、堅固な城郭であったかは想像できよう。

発掘調査で確認された城郭遺構は大規模かつ技巧的で、このような遺構により形成された小田原城は物理的に「要害堅固」であったことは疑いようがない。

戦国大名としての北条氏

戦国大名の志向性

正方位・方格地割の都市

前章では発掘調査で確認された戦国期の小田原城の姿を確認した。まだまだそこから見える姿は断片的であり、発掘調査成果を踏まえても戦国期の小田原城については不明瞭な点が多い点は否めない。しかし、障子堀《しょうじぼり》や石垣の存在からも考えられたように、断片的な情報からでも真の小田原城の姿にアプローチできる部分はある。さらに、視野を広げるため、改めて総構《そうがまえ》（大構）により囲郭され、城郭としての一翼を成した城下に視線を向けたい。

これまでのところ、城下における発掘調査も断片的である。そのため、情報は限定的ではあるが、小田原の都市景観を明確にするため、町を区画する遺構、町割りの基準ともなる遺構として、道路状遺構を抽出してみる。

表3では、出土遺物の年代観から一七世紀前葉までに廃絶された事が明らかな遺構を抽出した。一七世紀前葉までを対象とした理由は、「道」という基礎構造物であるという遺構の性格を含め、一七世紀前葉までに廃絶しているということは、北条段階に敷設された可能性が極めて高いと考えられるからである。その点は、本書「白亜の天守聳える小田原城」の章で見た小田原城下の改修履歴から見ても指摘できよう。各遺構の詳細は発掘調査報告書に譲り、ここでは概要にだけ簡単に触れておく。

とは言え、抽出できる道路状遺構の数は多くはなく、詳細に検証できるほどの類例はない。道幅・側溝の有無も様々であり、道路の路盤構造についても、何十㎝もある厚い版築道路もあれば、表面が硬化しているだけのもの、砂利を敷いた程度のものなど様々である。

その中では、藩校集成館跡の南北に走る三条の道路は、側溝を含めた幅が約五・五ｍと共通しており、道路状遺構同士の間隔もほぼ共通するなどの特徴がある。そして、道路状遺構に見られる最も特徴的な点は、全てが正方位（真北）から一三度以内の軸線方向を示しているということである。一三度になるものも一条のみであり、平均値は四・一五度で、磁北・真北の偏角値の変化や測点による誤差、後世の撹乱の影響を考えれば、ほぼ同一の軸線方向を示していると見て良いであろう。

なお、比較対象として一六世紀代に構築されたと考えられる堀や溝状遺構も抽出してみ

表3　小田原城下検出の主な道路状遺構

No.	遺跡名	遺構名	付属施設	軸方向	厚さ	路盤	幅	廃絶年代
1	大久保雅楽介邸跡第Ⅱ地点	3号道路面	—	W－3°－S	32cm	粗砂・細砂・粘土で版築	2.0m以上	17世紀初
2		4号道路面	—	W－3°－S	28cm	粗砂・粘土などで版築	2.0m以上	16世紀前
3	大久保雅楽介邸跡第Ⅶ地点	80号遺構（道路）	側溝 柱穴	N－9°－E	20cm	粘質土と砂質土を交互に版築	5.6m以上	16世紀後
4	大久保雅楽介邸跡第Ⅹ地点	道路状遺構	—	W－3°－S	90cm	粘質土と砂質土を交互に版築	2.0m以上	17世紀前
5	藩校集成館跡第Ⅲ・Ⅳ地点	2号溝 3号溝	側溝	N－8°－E	—	—	溝間は5.5m	16世紀中
6		30号溝 33号溝	側溝	N－1°－E	—	—	溝間は5～7.2m	16世紀前
7		28号溝 29号溝	側溝	N－5°－E	—	—	溝間は5.7m	16世紀代
8		35・36号溝 37・40号溝	側溝	W－2°－S	—	—	溝間は2.7m	16世紀代
9	御長屋跡第Ⅰ地点	1号道路遺構第1道路面	側溝	N－13°－E	45cm	玉砂利を全体に含む	5m以上	16世紀後
10		1号道路遺構第2道路面	石組側溝	N－10°－E	25cm	砂質土と粘質土を交互に版築		
11		1号道路遺構第3道路面	—	（南北方向）	5cm	砂質土を版築		17世紀前
12	御長屋跡第Ⅱ地点	1号道路遺構第1道路面	—	（南北方向）	34cm	円礫上に砂・シルト，粘土で版築	2.6m以上	16世紀後
13		1号道路遺構第2道路面	—	（南北方向）	40cm	砂・シルト，粘土で細かく版築		17世紀前
14	中宿町遺跡第Ⅱ地点	1号水路 2号水路	石組側溝	W－6°－S	—	—	溝間は6m	16世紀後
15	中宿町遺跡第Ⅳ地点	砂利敷遺構	石組水路	（コーナー部）	10cm	砂利とシルトで硬化面を形成	2m以上	16世紀中
16		道路遺構	—	不明（南北方向？）	60cm	砂・シルト・砂利を交互に版築	8m以上	17世紀前
17	筋違橋町遺跡第Ⅲ地点	道路状遺構	石組側溝	W－4°－S	70cm	砂利を叩き締め，硬く版築	5.6m以上	17世紀前
18	御組長屋遺跡第Ⅰ地点	1号砂利敷遺構	1号溝	W－1°－S	35cm	玉砂利・砂質土を三回に分けて版築	6m以上	16世紀後

19	杉浦平太夫邸跡第Ⅳ地点 大久保弥六郎邸跡第Ⅲ地点	1号石積側溝付き道路	側溝A 側溝B	W－0°－S	—	—	5.6m	16世紀
20		93・100号溝 35・107号溝	側溝	N－2°－E N－1°－E	—	—	5.9m	16世紀
21		69･73･71号溝 70号溝	側溝	W－1°－S W－0°－S	—	—	3.7m	16世紀
22		62号溝 63号溝	側溝	N－0°－E N－0°－E	—	—	1.9m	16世紀
23		59・66号溝 67号溝	側溝	N－0°－E N－0°－E	—	—	3.1m	16世紀
24		60号溝 81・90号溝	側溝	N－1°－E N－1°－E	—	—	3.2m	16世紀
25	筋違橋町遺跡第Ⅴ地点	道路状遺構	側溝	W－9°－N	70cm	砂利を叩き締め，硬く版築	7m以上	17世紀初

たが（表4）、こちらも正方位からのズレは平均二・三九度とやはり正方位を基軸としている状況が見て取れた。これらの道路状遺構、堀・溝状遺構の存在は、正方位・方格《ほうかく》地《じ》割《わり》の存在を想定させ、一六世紀の小田原に正方位・方格地割を企図した都市計画が存在した可能性を指摘させる（佐々木二〇〇五）。

仁木宏氏は、一五・一六世紀の戦国城下町で正方位・方格地割が採用される事例が見られることについて、京都との関係の中で地域支配の前進を試みる地方勢力が、都市建設の理念として条坊や方格地割を用いたとの見解を示している（仁木二〇〇二）。さらに、「花の御所体制」「方形館体制」が各地に伝播した結果、そこで成立する方形・方格プランを整備することで大名は自らの「権威」を示し、城下町の「秩序」を創生すると考えられており、このようにあるべきであるという「規範意識」が強かったのではないかと想定している（仁木二〇

表4　小田原城下検出の主な堀・溝状遺構

No.	遺跡名	遺構名	軸方向	上幅(m)	下幅(m)	深さ(m)	廃絶年代	備考
1	小田原城三の丸藩校集成館跡第Ⅲ地点	2号溝	N－8°－E	1.30～2.21	0.78～1.42	0.38～0.62	16世紀後	溝間は5.5m
2		3号溝	N－10°－E	0.76～2.98	0.48～1.88	0.18～1.41	16世紀中	
3		4号溝	W－2°－S	0.5～0.72	0.25～0.53	0.09～0.35	16世紀後	2条に分けられる
4		13号溝	W－1°－S	0.36～0.63	0.20～0.28	0.05	16世紀前	33号溝と方形区画を形成
5		14号溝	W－1°－S	0.80～0.92	0.30～0.45	0.19～0.61	16世紀後	3区画目の北側境，35号溝と一体
6		24号溝	N－1°－E	0.74	0.30	0.03～0.55	16世紀中	24・25号溝は併走，25号が新しいが同様の機能
7		25号溝	N－1°－E	0.40～0.50	0.20～0.32	0.22～0.55	16世紀後	
8		26号溝	N－0°－S	1.55	0.48	0.43～0.91	16世紀中	
9		27号溝	N－1°－E	1.0～1.58	0.25～0.52	1.10～1.16	16世紀後	34号溝・176号土坑と直線的，天文20年銘のかわらけ出土
10		28号溝	N－5°－E	0.56～1.02	0.48～0.65	0.1～0.44	16世紀代	
11		29号溝	N－0°－E	0.8～2.80	0.3～0.84	0.2～1.46	16世紀代	かわらけ一括廃棄
12		30号溝	N－1°－E	0.8～1.10	0.53～0.8	0.2～0.3	16世紀代	33号溝とともに道路側溝
13		31号溝	N－1°－E	1.35～2.68	0.92～2.55	0.2～0.3	16世紀代	24・25・27・34号溝と併行
14		33号溝	N－1°－E	0.43～0.56	0.30～0.48	0.24～0.32	16世紀前	13号溝と連続
15		34号溝	N－1°－E	0.95	0.70	0.08～0.15	16世紀後	27号溝・176号土坑と直線的な配列
16		35号溝	W－2°－N	0.54～0.85	0.18～0.50	0.13～0.15	16世紀代	3区画目の北側境，14号溝と一体
17		36号溝	W－2°－S	0.65～7.60	0.18～0.50	0.05～0.46	16世紀代	
18		37号溝	W－1°－S	5.00	0.48	0.09	16世紀代	
19		38号溝	N－4°－E	0.36～0.56	0.26～0.30	0.17～0.23	16世紀代	
20		39号溝	N－1°－E	0.86～1.32	0.43～0.84	0.11～0.26	16世紀代	
21		40号溝	W－2°－N	0.65	0.40	0.2～0.27	16世紀代	
22	小田原城三の丸御長屋跡第Ⅰ・Ⅱ地点	1号堀	N－5°－E	4.10以上	1.00	2.90	16世紀中	法勾配は西65度・東40度，第Ⅰ・Ⅱ地点合計の長さは35m

23	小田原城三の丸箱根口跡第Ⅱ地点	1号堀	N－2°－E	4.00以上	—	2.50以上	16世紀前	西壁法勾配は55～73度・東40度，長さは75m以上
24	小田原城三の丸箱根口門跡	1号堀	W－2°－N	1.00以上	—	1.80以上	16世紀中	
25	小田原城二の丸住吉堀	障子堀A類	W－4°－S	10.00以上	10.00以上	3.50以上	16世紀代	障子堀
26	小田原城下本町遺跡第Ⅱ地点	1号堀	N－1°－E	6.80以上	6.00以上	2.00以上	16世紀初	障子堀
27	小田原城下中宿町遺跡第Ⅳ地点	1号溝	N－4°－E	1.80	0.20～0.50	1.00	16世紀中	
28		2号溝	N－3°－E	2.70	2.40	1.10	16世紀中	

〇六)。

小田原の状況が仁木氏の指摘と一致するかどうかは検証が必要であるが、考古学的な成果からは小田原も正方位・方格地割を整備することで「権威」を示し、城下町の「秩序」を創生した町である可能性は想定できる。ただし、現状の発掘調査成果だけからでは追究しきれないため、調査・研究が進み、都市としての様相が明らかとなりつつある一乗谷朝倉氏《いちじょうだにあさくらし》遺跡と中世大友府内町跡《ちゅうせいおおともふないまちあと》と比較することで情報の不足を補いたい。

朝倉氏の越前一乗谷

一乗谷朝倉氏遺跡は、福井県福井市城戸ノ内町に所在する遺跡である。中心部は、下《しも》城戸《きど》・上城戸《かみきど》により閉塞された一・八kmの空間であり（城戸ノ内）、奈良興福寺《こうふくじ》の尋尊《じんそん》が『大乗院寺《だいじょういんじ》社雑事記《しゃぞうじき》』に「一条八山ノ間ノ谷也」と記すように、谷間に形成された都市である。都市空間は、城戸の外側にも広がっており、城戸ノ内は朝倉氏が主体的に掌握する空間、

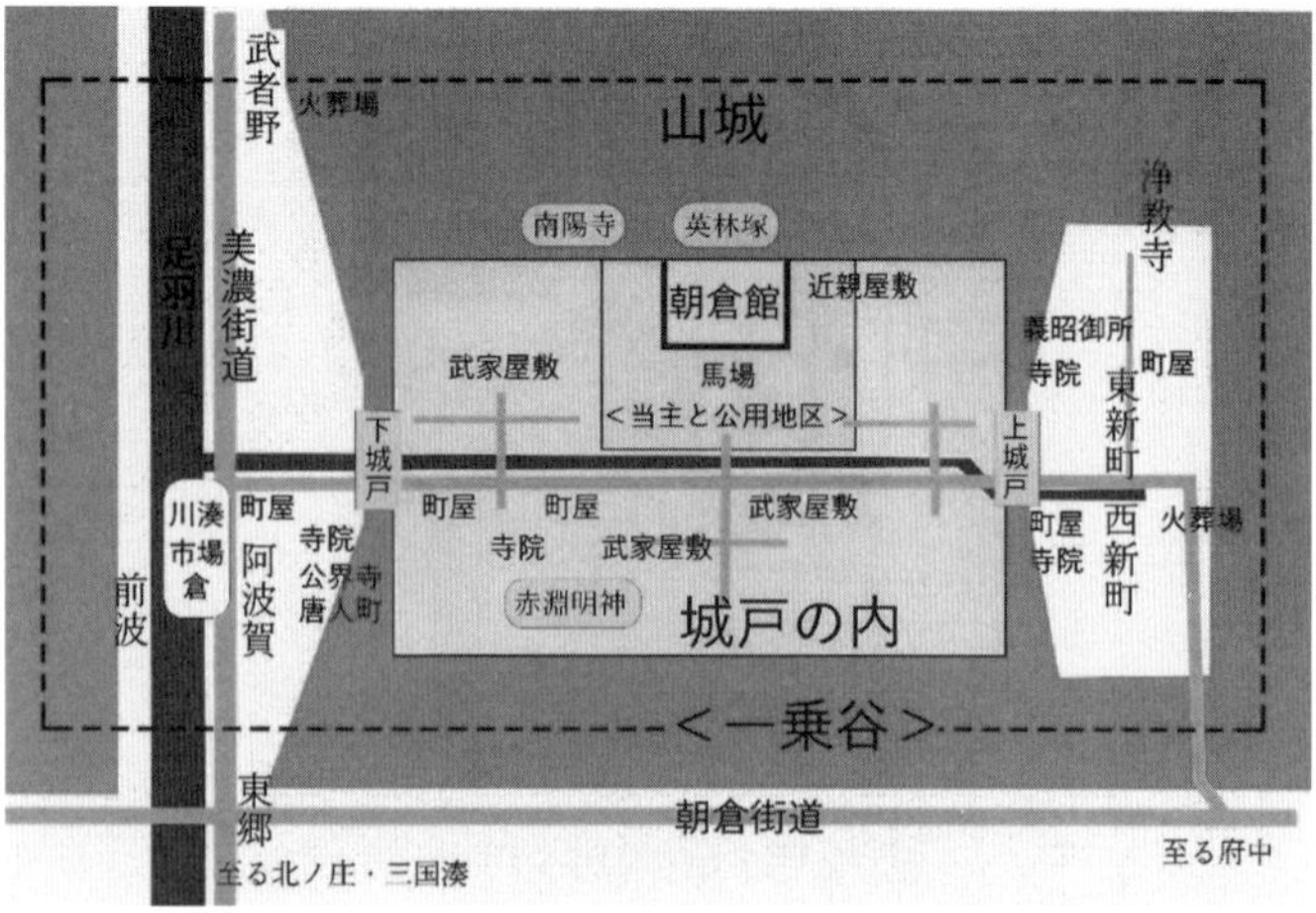

図44　一乗谷の都市模式図（小野正敏2022より）

城戸の外は開放された空間として解釈されている（図44）（小野正敏二〇二二）。

一乗谷の成立は、応仁・文明の乱に際し、文明三年（一四七一）に朝倉孝景《あさくらたかかげ》が越前国守護職補任を条件に西軍から東軍に寝返ったことを契機とすると考えられている。しかし、孝景の三代・四代前の一族が東郷・中島・阿波賀などの一乗谷周辺の地名を名字としている状況が確認できるため、朝倉氏は早くから足羽川上流の一乗谷付近に拠点を構えていた可能性がある。一乗谷朝倉氏遺跡においてⅠ期とする一四世紀から一五世紀前半の段階から、実質的な開発は進められていたのであろう。

都市の中核である朝倉館は、西を正面とし、東を山裾としている。西側正面土塁は南北約九〇m、東西は南側では六〇mであるが、北側は三〇m長い九〇mとなっており、この北側三〇m部分が足利義昭《あしかがよしあき》御成に伴う拡張部と考えられている。果たして、御成に際して館の奥だけを拡張するという状況があり得るのかと言う点については疑問もあるが、堀を含めた一二〇mを採り、京都における室町将軍邸や管領邸を意識した一町サイズの居館であると考えられている。

土塁内部の面積は約六五〇〇㎡、建物は一五棟確認されており、これらの建物は「朝倉《あさくら》亭御成記《ていおなりき》」や「朝倉義景亭御成記《あさくらよしかげていおなりき》」の記載をもとにその役割が比定されている。そして、館内部は非日常・日常の「ハレ」と「ケ」の空間に分けられ、さらにハレ空間は「表(端)」「奥」と呼称される空間構成となっていた(小野正敏一九九七)。

城下については、膝下に相当する城戸ノ内地区では谷を縦貫する幹線道路とそれに直交する「〜通」「〜小路」と呼ばれた街路により構成されている。

発掘調査により、町割りや屋敷割りの実態が最も良く確認されているのは、「河井殿・平井・斎藤」地区や「赤渕・奥間野・吉野本」地区であろう。前者は武家屋敷地、後者は町屋《まちや》を中心とする地域とされる。これらの地域の調査成果を見ると、一乗谷では街路により区画された明確な都市計画が存在していることがわかる。その規模については、「河井殿・平井・斎藤」地区では辻の中心を基準として計測した数値が二九・五m、九〇・六m、六一・〇ｍとなっている。一乗谷の基準尺は六尺五寸（一・九六九ｍ）であることが確認されているため、屋敷割りは一五間を基本単位としているものと推察される。

また、「赤渕・奥間野・吉野本」地区は、主要街路により大きく約一〇八ｍ（六尺五寸×五五間）の区間が造られ、その中が屋敷として区割りされている。幹線道路を正面に間口幅六〜六・五ｍ、奥行一二ｍから一五ｍ程度の短冊《たんざく》形地割の屋敷が並び、裏手には町屋を数軒分合わせた規模の屋敷がある（武家か有力商人の屋敷）。さらに裏手には寺院が展開しており、このような屋敷の相違から、職種による住み分けはある程度行われていたとも想定されるが、小野正敏氏は「地区的な身分の住み分けの分化は不明確」とする（小野正敏一九九七）。

以上のように、一乗谷では谷を縦断する幹線道路を中心に方格を志向した規格的な都市計画があり、その中に武家地・町場が形成されている状況が垣間見える（図44）。

大友氏の豊後府内

大分県大分市顕徳町周辺に展開する中世大友府内町跡（大友館跡・旧万寿寺地区・唐人町跡・推定御蔵屋敷・上原館跡）は、大分川左岸の自然堤防上に立地した遺跡である。中世大友府内町遺跡は、南北二・一㎞、東西〇・七㎞の範囲に展開しており、約三〇〇年にわたって豊後国の中心地であった。

大友氏は、もともとは現在の神奈川県小田原市東大友を本貫地とする武士で、建久七年

（一一九六）に大友能直《よしなお》が豊前国・豊後国の守護に任じられて九州進出の基礎を築いた。しかし、中世大友府内町跡で遺構が確認されるのは一四世紀に入ってからである。徳治元年（一三〇六）に五代大友貞親により万寿寺が創建されていることから、この万寿寺創建を契機とし、豊後府内の都市創生が進められたものと考えられている（五十川二〇一六）。

館の痕跡が確認されるのは一四世紀後葉以降であり、それ以前の居館跡は現在のところ未確認である。大友氏は一六世紀後葉に最盛期を迎え、二一代大友義鎮《よししげ》（宗麟）は豊後・豊前、肥前・肥後・筑前・筑後の守護職を獲得し、豊後府内は国際貿易都市としても発展した。国際都市として最盛期を迎えるため、その印象により豊後府内は新興都市との印象を受けるが、守護大名が本拠とする一四世紀以来の町なのである。

中核となる大友館については、Ⅰ～Ⅴ期の変遷で押さえられている。館内部の遺構は攪乱・削平《さくへい》されている部分が多く、良好な状態での確認は難しい状態であった。しかし、掘り込み整地層や石を詰めて根固めした礎石の基礎が確認されており、その範囲から東西一五ｍ×南北三〇ｍの中心建物が存在したものと考えられている。また、建物はⅠ期には一間七尺（二・一二一ｍ）であったものがⅢ期以降に六尺五寸（一・九六九ｍ）に改められている様子が確認されている。そして館の大きさも、Ⅲ期とする一六世紀前葉には一辺二町四方へと拡大したと考えられている。館南東部では、最大六七ｍ×三〇ｍとの規模を持つ池泉庭園も確認されている。

大友館内部の様相は、「大友家年中作法日記《おおともけねんじゅうさほうにっき》」の記述や池泉庭園の配石景観などを踏まえ、東側を「ハレ」の空間、西側を「ケ」の空間とするとの様相が想定されている。

城下については、近世初頭に描かれた「府内古図《ふないこず》」の歴史地理学的な手法での検証があり、大友館や万寿寺《まんじゅじ》を中心とした四本の南北道路と五本の東西道路を基軸とする南北二・一km、東西〇・七kmの空間と考えられている（図45）（長二〇二二）。

また、「府内古図」には四〇あまりの町名が確認され、その中には町の性格や職能を推定させるものも含まれている。町屋では、大友館東側の「桜町」周辺の発掘調査が充実している。ここでは第2南北道路に沿って間口三mから六mの短冊形地割があり、裏手には井戸や廃棄土坑が展開する様子が確認されている。

この他にも間口一五mの区画も確認されている。大区画内には一間六尺五寸を基準とする建物が存在する。そして、近似した様相は「唐人町」「横小路町」「上市町」「寺小路町」などでも認められている。この他、「御所小路町」「林小路町」では間口二〇mから三〇mの大区画が確認されており、これらは武家地と考えられている。

以上の様相から、同職集住とまではいかないものの、豊後府内でも職能によるある程度の住み分けは行われていたと考えられている（坪根二〇一八）。

図45　戦国期豊後府内の復元図と発掘調査地点（長2022より，部分）

小野正敏氏は、ハレとケによる空間構成を持つ館の姿、また街路により区画された計画的な都市の姿は、朝倉氏・大友氏という戦国大名の志向性を表象するものと指摘する（小野正敏二〇一八・二〇二二など）。

前述したように、小田原においても御用米曲輪《ごようまいくるわ》下層の遺構群や城下の発掘調査によって同様の景観が垣間見えており、一乗谷・豊後府内と同様の理屈・志向性による都市計画が存在した可能性が指摘し得る。

越前一乗谷と豊後府内、そして小田原

また、それぞれの城下で確認されている数値を比較すると表5のようになる。小田原については、藩校集成館跡・杉浦平太夫邸跡・大久保弥六郎邸跡の調査成果を中心に、表3・4のデータなどから抽出した数値を示した。

まず、その空間構成は大名の支配権が直接及ぶ範囲と想定される一乗谷の城戸ノ内、豊後府内の東西・南北道路区画範囲、小田原の総構内側のいわゆる膝下と呼ばれるような空間と、その外側の空間に大きく区分することができる。それぞれの膝下空間の大きさを比べると、一乗谷が一・八㎞の谷地、豊後府内が二・一×〇・七㎞、小田原城が総構の対角線で一・七×一・七㎞となり、近似した規模であることがわかる。また、その中心となる大名居館については、豊後府内大友館が最終段階に二町四方（約二一八ｍ四方）に拡大するとされていていて大きいが、一乗谷朝倉義景館と小田原北条氏政《うじまさ》館（御用米曲輪下層）がおよそ

表5　一乗谷・豊後府内・小田原城下数値比較表

	一乗谷	豊後府内	小田原
膝下空間	上城戸・下城戸間	中世大友府内町遺跡範囲	総構の対角線
	長さ1.8kmの谷地	2.1×0.7km	1.7×1.7km
大名居館	朝倉義景館	大友館	御用米曲輪下層
	60×60（90）m ※足利義昭御成に伴い一部90mに	218×218m ※16世紀前葉には二町四方	90×120m以上
尺間	6尺5寸 ※建物は6尺2寸・6尺2寸5分	7尺→6尺5寸 ※16世紀前葉に6尺5寸に	7尺→6尺2寸5分→6尺5寸 ※16世紀後葉に6尺2寸5分に ※16世紀末葉以降に6尺5寸に
通りの名	～通，～小路	～小路	～小路
武家地間口	伝朝倉景鏡館	御所小路町・林小路町付近の大区画	幸田口（山本内蔵邸跡周辺）の方形居館
	約120m		約109m
	河井殿・平井・斎藤地区	間口20～30m	藩校集成館跡（A・B・C・D区）
			60.8m・49.8m・50.4m・41.0m
	39.5m・44.3m・31.5m・29.5m		杉浦平太夫邸・大久保弥六郎邸跡（A・B区，E・F・G区）
			18.5m，13.8m・13.8m・12.0m
町屋間口	赤淵・奥間野・吉野本地区	桜町	（東海道沿いの現況間口）
	6～6.5m ※最小4.3m，最大16.4m	間口3～6m	6m前後
引用文献	小野1990 小野1997	坪根2018	佐々木ほか2016

一町四方であることから、共通する数値と見て取れよう。

城下詳細については、確認できる道路の名前は「～小路」である場合が多く、小路の名を配した町名も存在する。武家地と想定される屋敷地の間口は、武家の家格による相違が存在するが、一町四方の方形居館を筆頭に、三〇mから六〇m前後の間口、一〇mから三〇m前後の間口を有するものに分けられそうである。

また、町屋想定地における間口は六m前後ということでほぼ共通する。それぞれの基準値は、一乗谷・豊後府内は六尺五寸（一乗谷の朝倉館では六尺二寸五分とも）、小田原が六尺二寸五分となり、小田原の場合は八王子城《はちおうじ》等の領国内支城における調査成果でも同等の数値が得られているため、領国内での共通基準尺である可能性が指摘できそうである。

小田原・一乗谷・豊後府内を比較すると、以上のような共通点を指摘することができる。それぞれの大名の本拠地は、立地や土地条件による相違が存在するため、単純な比較は難しいと思われたが、比較してみると以外に共通する部分が多い。一乗谷・豊後府内の様相と比較し、確認したことで、小田原にも両都市と同様の考え方・価値観による居館の設置・都市計画が存在した可能性が指摘できそうである。

その考え方には、小島道裕氏が幕府と直接関係を持つ地方領主が、在地においても中央と同様の儀礼を行うことで権力を誇示するために方形居館を用いたとする点（小島二〇〇五）、あるいは前述した仁木宏氏が方形・方格プランを整備することにより権威を表象したと言う点があろう。

「首都」の力

池享氏は、戦国大名は、他国にも領国内に対しても他とは異なる優位性があり、「公」の大義名分や家格の授与・保証などが大名の正当性を語り、それを有効に働かせて領国統治を行っていたと指摘する（池二〇〇九）。

全国の大名は、軍事力も政治力も落ち目であった「公」である将軍・幕府の権威・秩序を重んじ、将軍・幕府を頂点とする武家儀礼を行うための建物配置・室礼が必要であった。その背景には、谷口雄太氏が指摘するような、足利氏の血統や「足利絶対感」が醸成されたことによる価値の共感も存在したのかもしれない（谷口二〇二一）。

一乗谷・豊後府内では、将軍・幕府を頂点とする秩序に裏付けされた「規範意識」「京都らしさ」を志向する考え方が存在したことが指摘されている。これは文献史料だけでなく、前に見た発掘調査成果からも垣間見えたことである。そして、小野正敏氏は「さまざまな場面にみえる大名の権威の要素が「首都」に可視化、統合化することこそが最大の権威の演出であり、戦国大名にとって充実した首都作りが必須だった」とする（小野正敏二〇一八）。まさに小田原も同じである。

庭園を伴う大型建物が配された屋敷地があり（御用米曲輪下層遺構群）、正方位・方格地割の町割りが施行された戦国期の小田原は、戦国大名北条氏の権威・威信を示した景観を呈していたのである。その際に規範とされたのは、将軍・幕府の論理であった。戦国時代末期、将軍・幕府が弱体になったからこそ、地方の大名も自らの必要に応じて中央の権威を要求・導入し、自らの領国内外に示し得たのであり、利用したのである。

戦国時代の小田原の景観は、戦国大名が「こうあるべき」と理想とした「公」の正当性を示すものであった。戦国大名は、多寡・濃淡の相違こそあれ、室町幕府の秩序の中に自らを置くことで自らの正当性を示し、秩序に則った儀式・儀礼を導入することで領国支配を展開した。

そこには儀式・儀礼を遂行するための舞台装置が必要であった。その結果、舞台装置としての大名居館の空間構成・建物配置は近似したものになるのは必定である。「御成記」が作成され、それを各大名家が入手して自身で御成を差配することは、まさに将軍家・幕府の儀式・儀礼が地方に伝播する契機となるものであり、それに伴う舞台装置を居館内に設定することとなるのもまた必然的なことである。

以上のように、京都から離れた北陸の朝倉氏、九州の大友氏、関東の北条氏において、その本拠・居館に同様の空間構成を形成する背景には、共通の価値観として「規範意識」「京都らしさ」を必要とする戦国大名の志向性の存在が指摘できるであろう。戦国大名はその本拠地を「規範意識」「京都らしさ」を備えた都市計画で創生し、「首都」を具現化する。これにより地域における優位性・特異性を担保し、自らの力を領国内外に示したのである。

本城と支城

視点を関東地方の北条領国内に移し、「首都」の持つ優位性・特異性を、支城と「首都」本城たる小田原城の発掘調査成果を比較することで確認してみたい。

出土比率が語る「首都」

現状、一乗谷と朝倉氏の領国内支城、豊後府内と大友氏領国内支城では、比較し得るだけの発掘調査の蓄積はない。そのため、考古学的に本拠地の優位性・特異性を確認することは難しい。その点、小田原とその領国内支城では、少なからず発掘調査成果の蓄積があり、多方面からの研究の蓄積もあることから、本城と支城の関係が検証しやすい。

本拠「首都」の特徴について、一乗谷・豊後府内の事例を参考とさせて頂いたお返しに、北条領国における本城・支城の様相を確認することで、「首都」としての本拠地の個性を

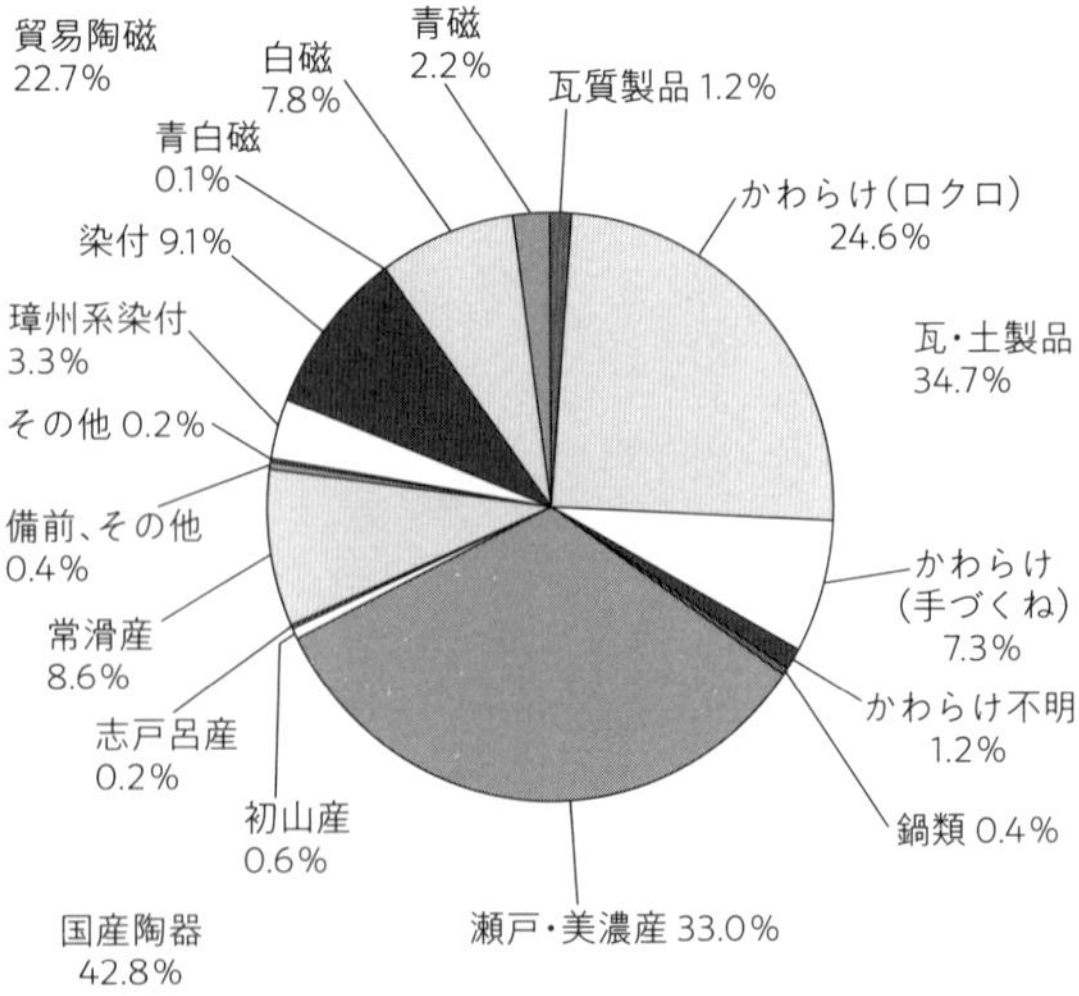

図46　小田原城周辺の出土遺物比率（佐々木2009より）

見出し、一乗谷・豊後府内の領国内における位置づけを考えるうえでの道標を示したい。

まずは出土遺物から見てみよう。

図46は、小田原城周辺一五地点の発掘調査で出土した土器・陶磁器全六六七八点を集計したものであり、表6は小田原城下を含め、発掘調査成果の蓄積がある関東地方の城館跡出土遺物を集計したものである（佐々木二〇〇九）。

小田原城周辺では、かわらけ・在地土器が約三五%、国産陶器、四三%、貿易陶磁二二%との出土比率に対し、群馬・埼玉ではかわらけ・在地土器が九二%以上を占め、国産陶器六・五%、貿易陶磁一%となっている。すなわち、かわらけを含めた在地土器が大半を占めている。

これらの数字には、本城・支城の違いだけでなく、関東地方の地勢からくる流通経路を

表6　関東の主な城館跡における出土遺物比率

国	城館名	かわらけ	在地土器	瀬戸・美濃	その他国産	貿易陶磁器	出土点数	／㎡
上野	箕輪城	1,502	231	43	25	41	1,842	0.556
武蔵	深谷城	487	706	53	10	5	1,261	—
武蔵	鉢形城	3,915	755	217	118	51	5,056	0.380
武蔵	松山城	3,284	11	13	24	36	3,368	22.280
武蔵	菖蒲城	1,441	459	76	12	27	2,015	4.790
武蔵	岩付城	2,361	118	77	47	35	2,638	0.439
武蔵	花崎城	721	161	90	21	6	999	0.033
武蔵	私市城	3,451	2,716	489	217	138	7,011	—
武蔵	八王子城	513	37	257	110	1,566	2,483	0.856
相模	小田原城下	2,210	108	2,205	655	1,500	6,678	5.082
下総	葛西城	13,579	477	991	1,577	273	16,897	—
下総	守谷城	114	20	59	15	20	228	0.162
下総	本佐倉城	1,726	525	654	304	406	3,617	0.355

※井上2005・佐々木2007・浅野2008・葛飾区郷土と天文の博物館編2007をもとに作成した。

※箕輪城の数字は本丸地区と木俣地区のもの，鉢形城は二の曲輪・三の曲輪，私市城は第13次A区1堀と障子堀を足したものである。

※私市城・葛西城については出土地点の面積を明確に把握できなかったため，1㎡あたりの出土点数は空欄とした。

※小田原城下は，本町遺跡第Ⅰ～Ⅲ地点，中宿町遺跡第Ⅰ～Ⅴ地点，欄干橋町遺跡第Ⅰ～Ⅵ地点，新道遺跡の合計15地点のものである

考慮し、海浜部の小田原と内陸部の城館という立地の違いなども想定しておく必要があろう。また、発掘調査地点の空間的性格の相違も関係している可能性がある。八王子城主北条氏照《うじてる》の居館である八王子城御主殿《ごしゅでん》跡の発掘調査では、かわらけ・在地土器二一％、国産陶器一五％、貿易陶磁六三％となっているのに対し、前章でも述べた北条氏政館に比定される小田原城御用米曲輪下層では、かわらけが九七％以上となる状況などもあり、一様ではない。そのような点は十分に考慮する必要がある。

そのため、厳密な比較は難しいのかもしれないが、逆に広域的な視点で表6を見ると、八王子城以外の支城は同等の数値を示しており、平均的な出土比率を示す数字としては説得力があるものとも評価できる。

図46・表6を見ると、小田原城周辺には平均的に土器・陶磁器（＝モノ）がある様子が垣間見える。これはまさに「首都」としての小田原の豊かさを現していよう。これに対し、群馬・埼玉の城館では出土比率に偏差があり、九割以上が在地産の製品であり、貿易陶磁に限らず国産陶器も少ない。そのような出土比率を念頭に、次の史料を見て頂きたい。これは北条氏政の書状である。宛所は失われているが、上野国小泉《こいずみ》城（群馬県大泉町）城主富岡《とみおか》氏に送った書状とされる。

雖不珍候、現来之間、青磁皿百、砂糖并
茶碗卅、進之候、委曲期後音候、恐々
謹言

九月廿二日　　　氏政（花押）

年紀は記されていないが、氏政の花押の変遷から天正五年（一五七七）あるいは同六年のものとされている。要約すると、珍しくはないものであるが、最近入手した青磁一〇〇皿と砂糖、茶碗三〇個を送ります。詳細はまた、ということになろう。

これだけを見ると、氏政から富岡氏へ贈答品が送られたというだけであるが、先の表6で示した出土比率を踏まえて見ると見え方は一変する。

表6からは、小泉城が位置する群馬県においては、青磁皿が極めて貴重なものであることがわかる。一方で、図46を見ると、小田原での貿易陶磁出土比率二二%のうち、青磁はわずかに二・二%に過ぎないことがわかる。この数字からは、小田原においても青磁は貴重であったことが読み取れる。そうなると、氏政としても貴重な青磁を「雖不珍候」＝「珍しくないもの」との文言を付して、富岡氏に送っているとの背景が垣間見える。同様の文書は同月同日付けで氏政弟の鉢形城主北条氏邦《うじくに》も送られているが、鉢形城が位置する埼玉県においても貿易陶磁が少ないことは表6から明らかである。

氏政は領国内の流通量を把握し、小田原の圧倒的な物量を背景として領国支配に資していたのであろう。おそらく、富岡氏は氏政の「雖不珍候」との言葉をそのままに受け取り、小田原の豊かさ、北条氏の経済力を痛感したことであろう。その裏、実は氏政にとっては大きな出費となったはずである。しかしそれは、「朝倉宗滴話記《あさくらそうてきわき》」にある伊勢宗瑞《いせそうずい》評「但伊豆ノ早雲ハ針ヲ蔵ニ積ヘキ程ノタクハヘ仁ニ候ツル。然トモ武者篇ニ物ヲ遣フ事ハ玉ヲモ砕ツヘウ見ヘタル仁ニテ候ツル由」と、日頃は針でも蔵に積むほど蓄えているのに、いざ合戦ともなれば玉を砕くほどに思い切って使うように蓄財をなげうった、と評された行動によく似ている。氏政も、貴重な品物も必要とあれば惜しみなく用いるような人物であったのであろう。そしてこれは、背景にある「首都」小田原の豊かさがあればこそ為し得ることであった。

以上は、発掘調査成果を交えて考えることで、文献史料だけではうかがい知れなかった行間の意味が垣間見える好事例である。

かわらけにみるヒエラルキー

さらに、かわらけに見られる小田原本城と支城の相違は明確である。かわらけについては本書「二代氏綱による小田原整備」の章および前章でも触れたが、かわらけは武家儀礼において用いられる器であり、その安価で身近な商品としての存在感を上回る権威と価値を有している。その特徴は、脆弱性と比例して広域流通には向かないことから消費地近くで生産され、短期間で役割を終える（廃棄される）点にある（中井二〇二一）。

関東地方は、主にロクロ右回転成形のかわらけが用いられる地域であるが、北条氏は一六世紀第2四半期頃までに手づくね成形のかわらけを導入している（図11）。手づくね成形のかわらけは、伝統的に京都周辺で作成・使用されていたものであるため、京都系かわらけとも呼ばれている。これもまた「京都らしさ」の移入に他ならない。

北条氏が導入した京都系かわらけは、少量ながらも北条領国内の各支城でも出土しており、広域には流通しないはずのかわらけが、領国内に流通している状況が確認されている。そしてその出土地点は、主郭や宗教施設などに限られるとの特徴も指摘されている（服部一九九九）。広域的には移動しないはずのかわらけが、北条領国内の広い範囲で出土している様相は、小田原からのモノの伝播を意味するだけでなく、そのかわらけに特別な意味合いが付加されて用いられていたことを意味している。それはまさに「京都らしさ」の背景にある「公」の正当性であり、正当性に裏打ちされた北条氏の権威である。

さらに各支城では、小田原のかわらけを在地で模倣したかわらけも製作されており、小田原のかわらけが真似されるほどの欲求対象品であったことがわかる。

近年の研究では、手づくね成形かわらけの導入と同時に、ロクロ左回転でかわらけを製作する工人《こうじん》の移入があり、同工人が従来のロクロ右回転成形のかわらけとは異なる薄手外反の手づくね成形かわらけに近似したかわらけ（手づくね模倣かわらけ）を製作していると考えられている。さらに、その左回転の手づくね模倣かわらけをロクロ右回転成形の工人が模倣しているとの様相でかわらけの変遷が確認され、手づくね成形・ロクロ左回転成形・ロクロ右回転成形という変化・ヒエラルキーの存在が指摘される（北條二〇一二）。岩付城（埼玉県さいたま市）や忍《おし》城（埼玉県行田市）、葛西《かさい》城（東京都葛飾区）で出土している金箔かわらけは、手づくね成形あるいはロクロ左回転成形のかわらけであることからも手づくね成形・ロクロ左回転成形かわらけが、ロクロ右回転成形のかわらけよりも優位であることをうかがわせる。

北条氏は、かわらけという土製品についても、武家儀礼で用いるとの重要性を利用し、特別品としての価値観を付加して用いていた。御用米曲輪下層で、手づくね成形のかわらけとロクロ左回転成形のかわらけが主体的に出土していることの重要性がそこにあり、御用米曲輪下層の居館跡が、特別なかわらけを用いた儀式・宴会を行う空間であったことを物語っている。

複数の主郭を持つ城

次に城郭の縄張構造から領国支配の状況を確認してみたい。

実は、北条氏領国内の支城を見渡してみると、主郭相当の曲輪を並立して備えた城館、あるいは優劣の付けづらい曲輪配置となっている城館が散見される。本城である小田原城も同様であり、図16で示した「小田原陣仕寄陣取図」に、「本城氏直」「本城氏政」と二つの本城が描かれている点などはわかりやすい。小田原城の場合は、当主氏直と隠居氏政それぞれを頂点とする主郭の並列であるが、この関係は先代の隠居氏康《うじやす》・当主氏政段階の「おたハら二御屋かた」と称された関係にも共通する。二人の権力者が併存することにより、その在所となる城館の主郭も二元化するのであろう。

では、他の城館ではどうであろうか。ざっと支城の縄張を見回してみると、鉢形城や河《かわ》していることで見られる。

越城《ごえ》（埼玉県川越市）、小机城《こづくえ》（神奈川県横浜市）や津久井城《つくい》などが二元的な城郭構造を呈しているものと見られる。

これらの城館には、北条氏の指揮下に入る前からの山内《やまのうち》上杉氏・扇谷《おうぎがやつ》上杉氏段階からの権益を持つ旧勢力が在城しているとの共通点がある。一方で、北条氏御一家衆が城主あるいは城代・城将を務める城館は一元的な縄張構造となる事例が多いようである。例えば、北条氏照の八王子城や北条綱成《つなしげ》に始まる玉縄《たまなわ》北条氏の玉縄城（神奈川県鎌倉市）、北条氏規《うじのり》が城将を務める韮山《にらやま》城などがその代表例である。

鉢形城の場合は、城主は北条氏政の弟の氏邦であり、北条氏御一家衆ではあるが、氏邦は庶子とも指摘され（浅倉二〇一五）、藤田《ふじた》氏の養子となっている。鉢形城では、本曲輪とは別に広大な三の曲輪（伝秩父曲輪）の存在がある。本曲輪は約四一八〇〇㎡の規模で標高一一〇m、三の曲輪は約四九〇〇〇㎡で標高一二〇mである点を見ると、両曲輪を同規模と評価することができよう。

三の曲輪の主とされるのは秩父孫次郎《ちちぶまごじろう》である。秩父孫次郎は、天正一三年（一五八五）に製作された秩父郡薄《すすき》（埼玉県小鹿野町）法養寺薬師堂《ほうようじやくしどう》の木造十二神将立像寄進に際して大旦那氏邦に次ぐ小旦那として登場する有力者である。藤田氏旧領を継承した氏邦の立場と秩父氏の存在が、鉢形城の二元制を生み出しているのであろう（図47）。

図47　鉢形城平面図（1/8000，石塚2006より）

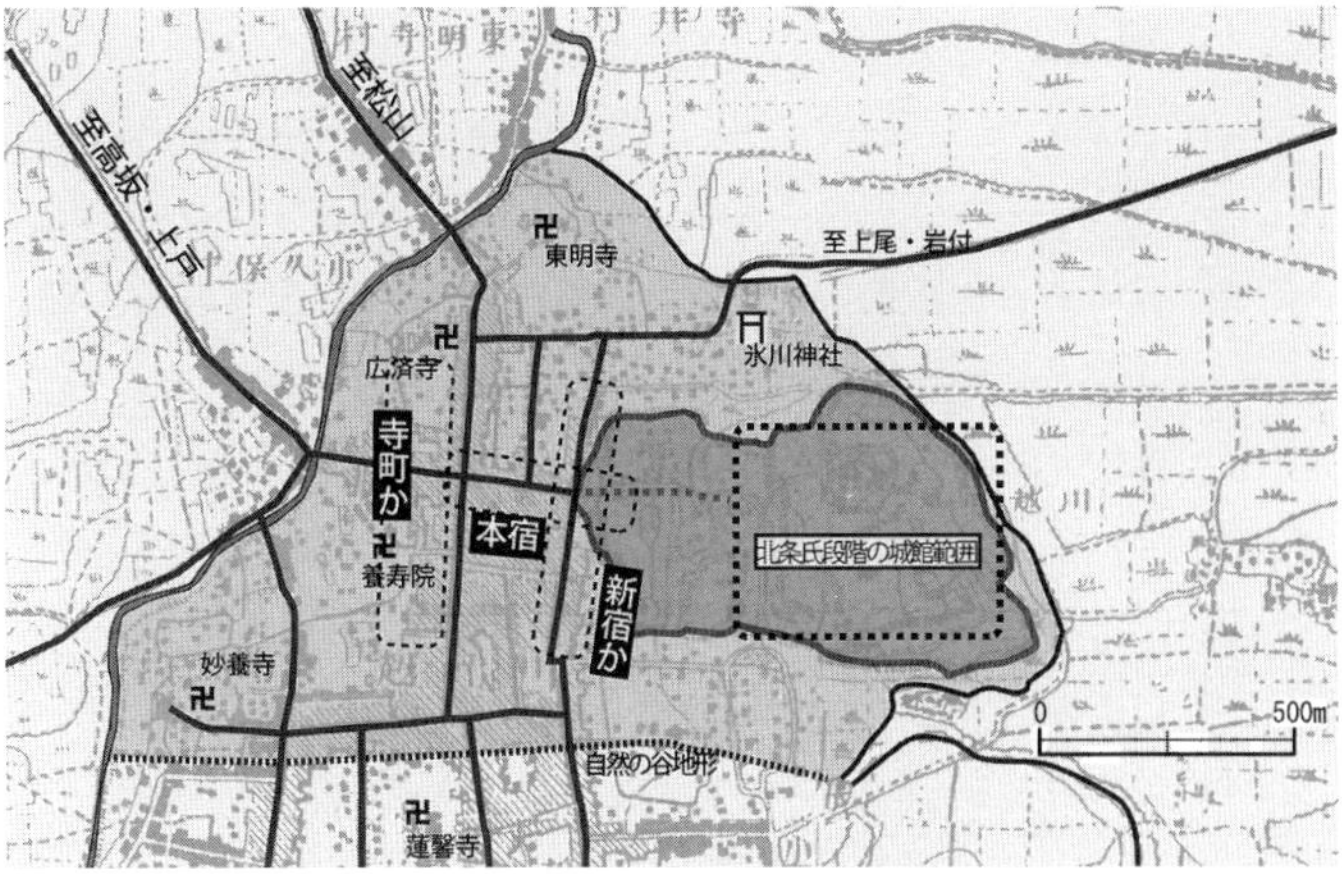

図48　川越城模式図（浅野2020より）

河越城では、近世本丸から西に約二〇〇m離れた中曲輪の位置で小田原産の手づくね成形かわらけが出土している。述べてきたように、小田原産手づくね成形かわらけの出土地点は有力支城の主郭に顕著であることから、近世本丸とは別に中曲輪が河越城の主郭相当の空間であった可能性が考えられる。なお、河越城については、近世段階における改変の影響で詳細な戦国期の縄張構造は不明であるが、浅野晴樹氏による復元想定図があり、それを示しておく（図48）（浅野二〇二〇）。

　河越城は北条一族格の大道寺《だいどうじ》氏の在城・在番が確認される城館であるが、古くは扇谷上杉氏の主要城館であった。同様に大道寺氏が城主を務める松井田《まついだ》城（群馬県安中市）も二元的な主郭の存在が想定できることは興味深い。

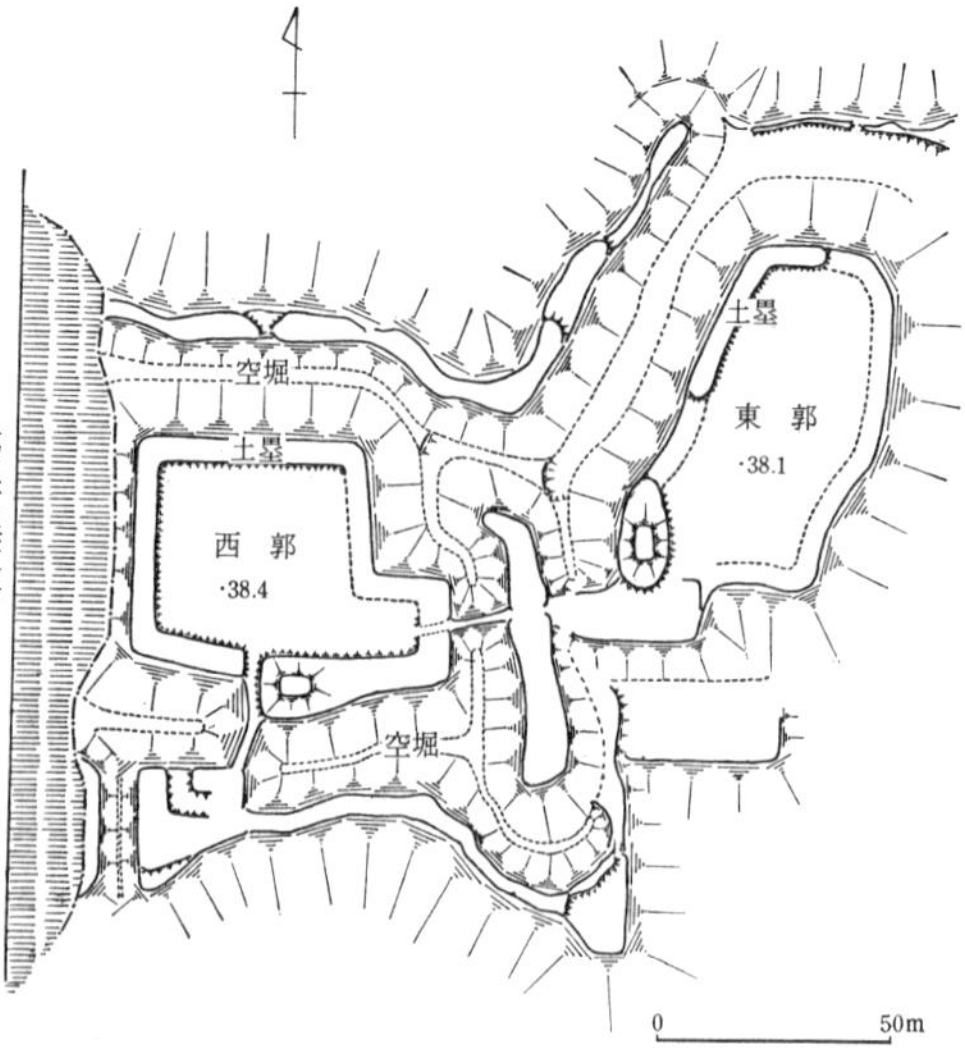

図49　小机城縄張図（1/3,000，飯田1980より）

小机城は、北条氏以前には山内上杉氏家宰長尾《ながお》氏の下にあったとされ、大永四年（一五二四）までには北条氏に攻略されてその支配下に入ったと考えられている。城主は、玉縄城主北条為《ため》昌《まさ》が兼ねている。別に、笠原信為《かさはらのぶため》が城代の任にあり、天文一一年（一五四二）に為昌が死去すると独立し、享禄二年（一五二九）頃から郡代を兼ねた笠原信為が小机城に在城したと考えられている。こうして、小机城は玉縄城主旗下の小机城代という存在が治める段階から郡代を務める笠原信為が城代となる城館となるが、小机衆には旧勢力である長尾旗下成田《なりた》氏配下の家臣団であった遠藤・小野・蔭山・金子らが含まれていた。後に城主として北条氏御一家衆が小机城に入るが、旧勢力の影響が残るため小机城の縄張は二元的な構造となったのであろう（図49）。

津久井城は、大きく本城曲輪（標高三七五・〇ｍ）・太鼓曲輪（標高三六一・五ｍ）を中心とする曲輪群と飯縄《いいづな》曲輪（標高三六〇・〇ｍ）を中心とする曲輪群から成っており、城主は、扇谷上杉氏時代以来内藤《ないとう》氏が務めている。内藤氏は、北条氏の麾下《きか》に入る前から津久井領域の行政・軍事両面の権限を維持しており、北条氏の下でも津久井衆の筆頭であった。

天正一二年（一五八四）の山角《やまかく》紀伊守宛て虎朱印状を見ると、城主内藤氏が本城曲輪に居るのに対し、小田原から「番」として派遣される山角氏は飯縄曲輪へ入るように指示されている。これにより、城主内藤氏とは異なる二元的な在城体制であったことを知ることができる（図50）。

城郭からみえる北条氏の権力構造

小野正敏氏は、戦国期には「一揆結合、連合政権型」とも言える空間構造の城郭が存在することを示している（小野正敏一九九四）。

例えば、根《ね》城（青森県八戸市）は南部家の城館であるが、権力の中心がひとつに集中するケースとは異なり、同心円構造のミニチュアが集まって城郭全体の空間を形成している。このような状況は、「権力がひとつに集中するのではなく、いくつかの「イエ」論理で独立した単位が並列した館の集合、一揆結合の世界」を示していると評価される。小野氏は、このような権力構造は、人と人との関係、主従の対面形式にも現れていると指摘する。北条家においても主従の対面形式の席次、北条家における家格の

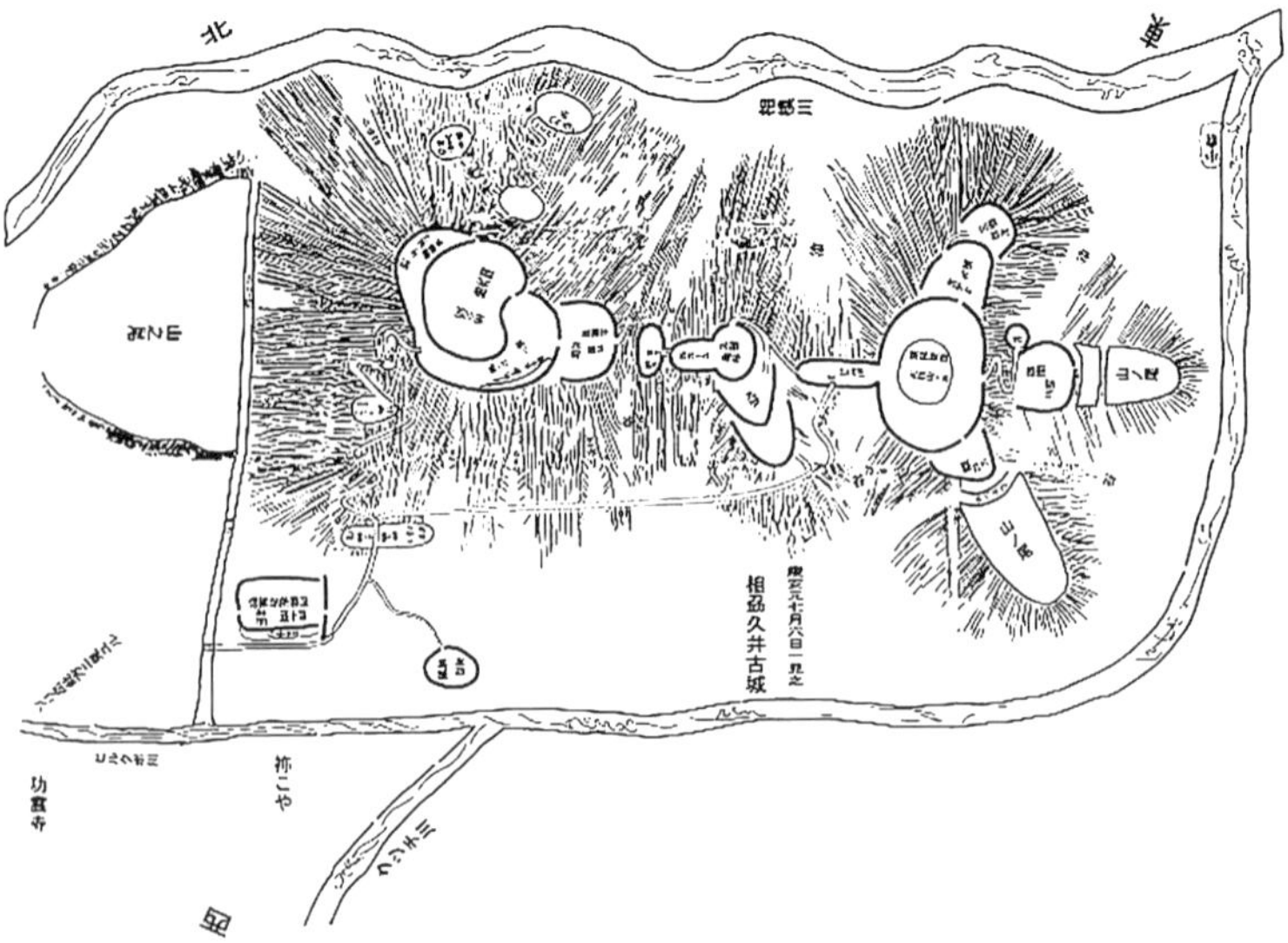

図50　津久井城絵図トレース図（佐々木2016より）

相違が城郭構造として表出していることはあり得るであろう。

ここで確認した複数の主郭を持つ城館は、いずれも北条氏以前からの権力基盤を継承する城館であるという点は特徴的である。北条氏においても領域支配体制の相違により、「一揆結合・連合政権型」と評価されるような、本丸・本城・一ノ郭などの主要曲輪を中心とした一元的な城郭構造とは異なる文脈の城郭構造が存在することは十分に考えられることである。

そして、「他国之凶徒」とも呼ばれた他所者の北条氏は、このような脆弱な主従関係の中で、自らの立場を優位とするため、本書「二代氏綱による小田原整備」の章で確認したような権威の獲得に努めて家格を向上させている。前章でみたような巨大な堀と土塁で小田原を囲み、本章でみたような計画都市を建設することでその力を具現化、領国支配に資する必要があったのである。支城の城郭構造を確認することで、そのような「首都」小田原の特徴が指摘できるのではなかろうか。

こうしてみると、北条氏の領国支配体制の裏には、精神的・心的な部分が多く含まれていることがわかる。小田原城とその城下にも、城郭遺構やその構造だけではない力、精神的・心的な部分を含めた権威表象装置を備えた空間構成が存在していたこととも、よく似ている。

戦国都市小田原の景観をよむ――エピローグ

これまでに見てきた様相を踏まえ、戦国都市小田原の発展過程を明確にし、戦国期小田原の都市景観に迫ってみたい。

権威を表象する都市

小田原は、上杉禅秀《うえすぎぜんしゅう》の乱、享徳《きょうとく》の乱などを経て扇谷《おうぎがやつ》上杉氏の相模西郡の拠点として大森《おおもり》氏の領するところとなった。それ以降、その重要性が見出され、北条氏の本拠地となっていく過程については見てきた通りである。

本書「北条氏以前の小田原古城」の章で見たように、大森氏段階の小田原は発展途上であった。大森氏は、扇谷上杉氏の旗下にあり、小田原も相模西郡の拠点に過ぎなかった。しかし、大森氏の段階の大窪《おおくぼ》（小田原市板橋）に石切《いしきり》が居住していたことは明らかで（『快元僧都記』）、京紺屋津田藤兵衛《きょうこうやつだとうべえ》も初代伊勢宗瑞《いせそうずい》の時期に大窪へと入植した履歴を伝えて

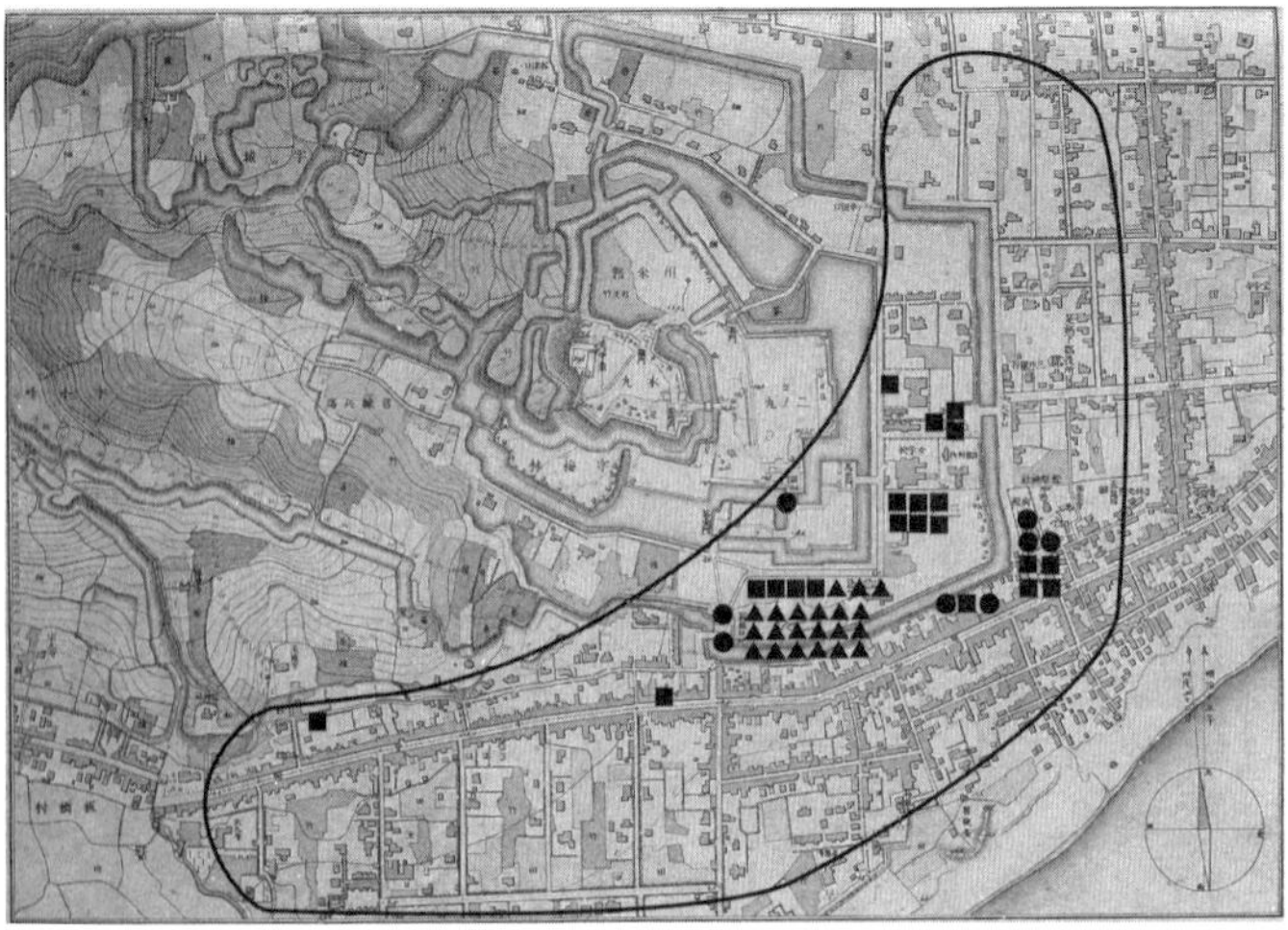

図51　正方位の道路と同遺構が顕著な範囲（■：道，▲：溝，●：堀）

いる（『新編相模国風土記稿』）。このような点から、伊勢宗瑞が小田原へと進出した段階、大森氏段階の「小田原」が大窪を中心とした空間であった可能性は高いと言えるのではなかろうか。これは、「北条氏以前の小田原古城」の章で足利尊氏が野営した「小田原上山」を欄干橋町よりも西と指摘した点とも一致し、やはりそこで指摘したように、『十六夜日記《いざよいにっき》』の記述からも大窪の重要性が見出せる。

　宗瑞の跡を継いで小田原を本拠とした二代氏綱《うじつな》は、小田原に正方位・方格地割《ほうかくじわり》の都市を創生した。これは前章で確認した通りである。図51は、一七二・一七四頁の表3・4に示した遺構の位置を明治一六年（一八八三）に陸軍参謀本部が作成した二万分の一迅速図、『小田原旧城及市街』図にプロットしたものである。位置が集中するため、図51では概念的にドットを落としただけであるが、小田原城三の丸域南側から東海道沿いの本町《ほんちょう》・中宿町《なかじくちょう》・筋違橋町《すじかいばしちょう》付近に顕著であることは明らかである（町名と町の位置は図6参照）。

周辺に残る正方位の道路による区画を見ても、図51において線で囲った範囲に分布している状況が確認できる。

すなわち、氏綱が正方位の都市計画を実行できた範囲は、この範囲を中心とした空間であったと考えられる。そして、この場所に氏綱が自身の思う通りに都市計画を実行することができた背景には、前代の大森氏段階での土地利用頻度が高くなかったことが大きな要因であったと指摘できるのではなかろうか。

すなわち、関東に進出して間もない伊勢（北条）氏が、すでに既得権益を持つ場、経済圏を形成する場＝「小田原」に手を入れ、強制的に都市計画を実施することは容易ではなかったはずである。小田原を本拠とした氏綱が新たに都市計画を実施するには、既得権益を持つ空間でなく、自身の意図を反映させることができる空間が必要である。

前述の宗瑞段階、大森氏段階の痕跡が大窪に顕著であることを考えても、当初既存都市空間「小田原」は大窪を中心に展開していたと言えるのではなかろうか。そのため、氏綱は大窪を避け、その東側を新規に開発したと考える。

大窪では、東海道が約五五〇mの直線道路となっており、これは永仁元年（一二九三）（または弘安五年：一二八二年）に創建された象鼻山《ぞうびざん》妙福寺《みようふくじ》（御塔）と居神明神社《いがみみようじんやしろ》（旧居之神明神）を結ぶ位置関係にある（図21・22）。この直線道路が設定される契機は、本書でも見てきた通り、北条氏入城以降近世段階まで見ても想定できない（佐々木二〇一三）。

そうだとするならば、この直線道路が設定されたのは北条氏入城以前と言うことになり、氏綱はそのような既存の「小田原」＝大窪を避けた東側未発達地に新たな都市空間小田原の創生を実行したと考える事ができるのではないだろうか。

この図51に示した黒枠範囲内の発掘調査では、一六世紀初頭をさかのぼる中世遺構はほとんど確認されておらず、考古学的にもこの場所は氏綱期以降に形成されたと指摘できる。氏綱による正方位・方格地割の都市計画は、既得権益の影響を受けない空閑地であったかからこそ実行し得たのである。

このような空閑地における都市創生は、永正一六年（一五一九）に武田信虎《たけだのぶとら》により新たに創生された甲府《こうふ》についても指摘できよう。信虎は、甲府に方格地割の都市計画を実施し、家臣・寺院・商職人を移住させている。信虎による甲府創生は、氏綱による小田原の本拠化とほぼ同時期のことであり、当時の都市創生手法としての共通性が見て取れよう。

氏綱は小田原に自身の志向性を示す都市計画を実施し、権威表象装置としての都市景観を備えた本拠地小田原を創生した。すなわち、それは京都の権威、将軍・幕府の秩序に則った空間構成を演出した規格的な都市の姿であり、関東周辺では唯一無二の姿を呈する「首都」であった。これを見た人々は、氏綱の志向性、北条氏の力を痛感することになったであろう。

「二代氏綱による小田原整備」の章で述べたように、氏綱は旧体制に依存・利用することで、北条氏の家格向上に努め、優れた文物・技術を小田原に導入することで小田原の文化力を高めた。そして、その本拠地小田原自体の姿は、京都志向を具現化する都市計画で実施され、小田原のアイデンティティーを担う空間として表出された。こうして成立した都市小田原は、「相模府中」「相府」を称し、「府中」としての存在感を主張する。「府中」という一国にひとつの都市、オンリー1・ナンバー1の存在であることが重要であったと考える。「府中」として、他に例を見ない都市空間を表象することで、北条氏の力が具現化されることとなる。これが、北条氏が五代にわたって施行し、形成した都市小田原の姿である。前述の武田信虎による甲府創生もまさに同様の意図で行われたのであろう。

『明叔録《みんしゅくろく》』にある東嶺智旺《とうれいちおう》の「町小路数万間」との表現は、そんな規格的な小田原の姿を述べたものと言え、希有な都市景観だからこそ記録された文言と言うこともできる。同様に、元禄四年（一六九一）に江戸参府の途上、小田原を通過したドイツ人医師ケンペルが『江戸参府旅行日記《えどさんぷりょこうにっき》』に記した「町筋は清潔でまっすぐに延び」や、「多くの家は方形の土地に小さな庭園を設けていた。」との記述も同様であり、これは正方位に規格された小田原の姿を表現したものというだけでなく、このような都市景観が記録された背景には、それが珍しいものであり、小田原が計画的な都市空間を形成していたことへの畏怖が現れているからこその記録と評価する事ができるのではあるまいか。

小田原の範囲

その後、三代氏康《うじやす》は、領国の拡大とともに本拠小田原を整備し、都市域を東へと拡げ、「唐人町」「新宿」を設けた（図6）。「唐人町」の創設は、前述したように「嘉靖年間（一五二二～一五六七）」に唐人が漂着したことに由来するとの『慶七松海槎録《けいしちしょうかいさろく》』の記述や『北条記《ほうじょうき》』の永禄九年（一五六六）春の唐人漂着を伝える記事から確認し得る。永禄九年は、隠居したとはいえ氏康が最高権力者として実権を握る時期である。

また、新宿（古新宿）の初見も永禄一二年（一五六九）であり、これもまた「御本城様」と称された隠居氏康が実権を握る段階である。これらの事蹟から、小田原の東西基幹である東海道沿いでは、山角町《やまかくちょう》・筋違橋町から新宿に至るまでの空間に都市域が形成されることとなった。

一方、南北基幹である甲州道沿いにおいても、鶴岡八幡宮《つるがおかはちまんぐう》造営事業に参加した職人頭須藤惣左衛門《すとうそうざえもん》を初めとする職能民を住まわせたことで、北側の西郡明神社門前を中心に「須藤《すとう》町」「大工町」と呼ばれる職人町が成立する。鶴岡八幡宮造営事業後の居住とすれば、これもまた氏康段階ということになる。ただし、「記された戦国期の小田原」の章で見た「小田原陣仕寄陣取図」「小田原城仕寄陣取図」に描かれた小田原の都市空間は東西軸であり、このことは客観的に見た「小田原市場」としての町場空間は、あくまでも東海道沿いが主体であったことを示唆していよう。

以上の経過を経て、小田原は唐人・職能民などがそれぞれ集住する都市空間が成立したことになる。しかし、これは意図的な配置というよりも、前述のような新規町域拡大に伴って、都市外縁部の空閑地を利用して新町が形成された結果とも評価できる。そのため、戦国期の小田原における同職集住状況は、一部では確認できるものの全体としては不完全であったと考える。

そして天正一五年（一五八七）、四代隠居氏政・五代氏直により「記された戦国期の小田原」の章で述べた総構《そうがまえ》（大構）敷設のための「相府大普請」が行われる。総構は、対豊臣秀吉《とよとみひでよし》を想定した防御ラインであるとともに、東・北側は氏康により拡張された町域までを囲郭するものとして設置されたと見られる（北条稲荷の創建などを含めれば、氏政段階までに成立した都市域とも)。これに伴い、西側も氏綱以降の小田原の範囲が囲郭され、氏綱による都市計画以前の中心地であり、既得権益を持っていた大窪は総構の外側に置かれることとなった。

以上のような発展過程で戦国都市小田原の展開を考えると、地形条件以外からも総構の位置の意味合いが評価でき、大窪が総構の外側になった意義も明確となる。

小田原の飲用水を担う小田原用水(早川上水)の取水口の位置も、当初は小田原のみならず「小田原」であった大窪への給水も意図していたものと考えれば必然である。そして、総構が敷設され、結果的に取水口が総構の外側に位置することになったことも、前述の都市小田原の発展過程を考慮すれば不自然ではないであろう。

総構が敷設された天正一五年は、小田原用水の導水から既に約五〇年が経過しており、小田原用水の引水に伴う水利権も生じていたはずである。また、流下勾配も考慮すれば、総構敷設により小田原用水の取水口・流路を変更することは容易ではなかったと考えられる。秀吉来攻を想定する中では、既存の取水口・流路を使わざるを得なかったのであろう。

松原明神社の評価

一方で、大窪を「小田原」と評価することと矛盾するのが、松原《まつばら》明神社《みょうじんしゃ》の存在である。これまで、「小田原」は松原明神社の門前町を起源として発展した町と考えられていた(永原一九九八)。松原明神社は近世以降「小田原宿内十九町総鎮守」とされ、北条氏の篤い庇護も受けていることから、古くから小田原の総鎮守だと考えられていた。

現在、松原明神社の初見文書とされるものは、貞和二年（一三四六）の「箱根権現参詣・遷宮目録写」であるが、この文書には「小田原松原大明神」と記されている。しかし、『新編相模国風土記稿《しんぺんさがみのくにふどきこう》』や『松原神社史』によると、松原明神社は天文年間（一五三二〜一五五五）以前は「鶴森明神」と称していたとあり、貞和二年に「小田原松原大明神」と記されている点は松原明神社改称由来とは齟齬がある。しかも、本書「北条氏以前の小田原古城」の章で見たように、一四世紀初頭頃と考えられる「小田原」との地名の誕生直後に、早くも「小田原」を冠していたことになる。

実はこの文書は、永禄元年（一五五八）の写しが「諸州古文書《しょしゅうこもんじょ》廿三」で拾われたものでもあり、前述の齟齬を考えると、信憑性に疑問を感じざるを得ない。そしてこの文書の存在を除外すると、次に松原明神社が登場する文書は、天文八年（一五三九）の氏綱からの社領寄進状まで下ることとなる。天文年間であれば、松原明神社の名称の由来との齟齬もなく、氏綱からの社領寄進との点は氏綱による寺社創建事業の一環として評価できる。まさに、小田原の都市域整備の中で行われたものと位置づけることができよう。

やはり写しではあるが、天文一九年（一五五〇）の「松原大明神遷宮記写」の存在も氏綱段階での松原明神社の整備を裏付ける可能性があり、実は松原明神社が古くから現在地に鎮座することを示す良好な史料は存在しないのである。そのような中で、天文年間以降松原明神社関連文書が確認できる点は重要である。

これらのことから、松原明神社の存在も、小田原が大窪より東へと展開した都市空間であると考えることの妨げにはならず、むしろ氏綱による都市域整備の中で天文年間に整備され、現在地に鎮座することとなったと考える方が、筋が通るように思われる。

また、前に触れた永正一六年（一五一九）四月二八日付け「伊勢菊寿丸所領注文」で宗瑞が末子菊寿丸に「おたハら」を相続させているが、これが氏綱が小田原を本拠として以降に行われているという点で疑問があった。しかし、この「おたハら」が氏綱が本拠として新規に開発した小田原ではなく、大窪を中心とした「小田原」のことであるとすれば、北条家内での所領問題や氏綱の家督相続時期の問題などが悉く解決しよう。

復元、戦国期小田原の景観

以上のような都市小田原の変遷を考慮し、戦国期の小田原の都市景観を復元したのが図52である。

これは、図22として提示した「明治十九年測量地形図」を下図とし、およそ三代氏康から四代氏政段階の姿を想定したものである。当時の小田原城の縄張については、本書で見てきたように明確にはできないため、「明治十九年測量地形図」に残るものをそのままトレースしている。したがって、堀の形状などは小田原新城時代を経た最終段階のものであるため、参考程度に捉えて頂きたい。ただし、天正一五年（一五八七）以降に普請された総構堀や小田原新城に伴う三の丸東堀など、発掘調査成果などから当時なかったことが明らかな城郭遺構については除外している。

この後、町場部分では伝肇寺《でんじょうじ》が朝倉氏の屋敷の場所へ移るなどの変化が生じている点は本書でみてきた通りである。また、氏政は豊臣秀吉との対決に備えて総構を敷設し、自身も小田原新城御用米曲輪の位置から八幡山《はちまんやま》に登り、図17の「小田原城仕寄陣取図」にある「新城」を形成したものと考えられる。

まだまだ不明瞭な点が多いために検討すべき点は多いが、今後の議論の素地として、この図を現時点での戦国都市小田原の景観復元図として提示したい。

志向性の変化

小田原城周辺に展開する正方位・方格地割で設定された都市空間は、「公」の正当性を示す権威表象装置としての役割を果たし、その都市空間では将軍・幕府の秩序に則った武家儀礼が京都系のかわらけを用いて行われている。これこそが、「京都らしさ」を備え、周辺諸国を畏怖させた北条氏の力であった。

そして、そのような氏綱（あるいは宗瑞）以来の北条氏の志向性は、氏政段階へ至り、変化する。その変化の一端は、「発掘調査でよみがえる戦国期小田原城」の章で見たよう

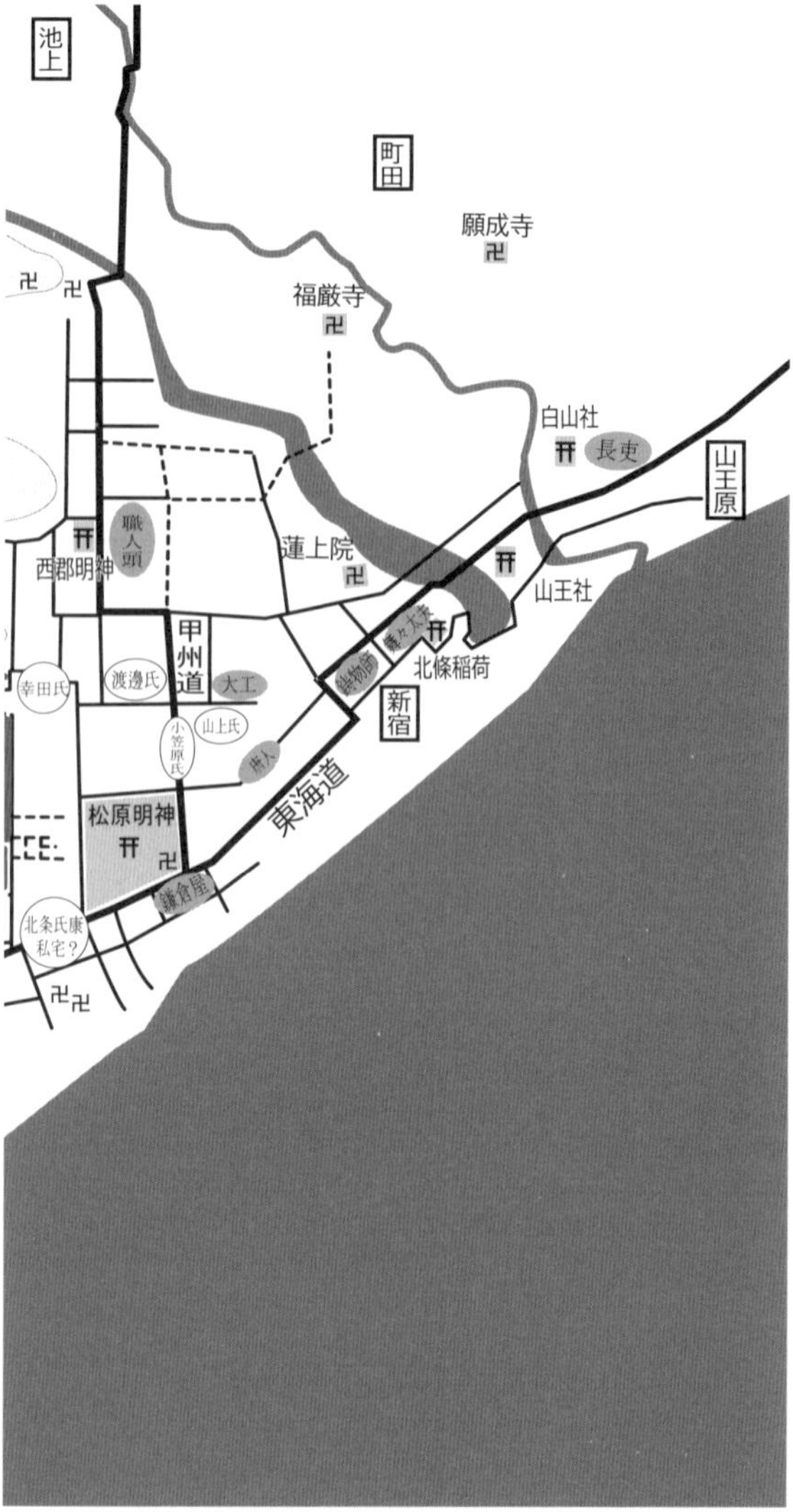
池上
町田
願成寺
福厳寺
白山社
長吏
山王原
職人頭
西郡明神
蓮上院
山王社
甲州道
鋳物師
北條稲荷
新宿
幸田氏
渡邊氏
大工
山上氏
小笠原氏
唐人
東海道
松原明神
鎌倉屋
北条氏康私宅？

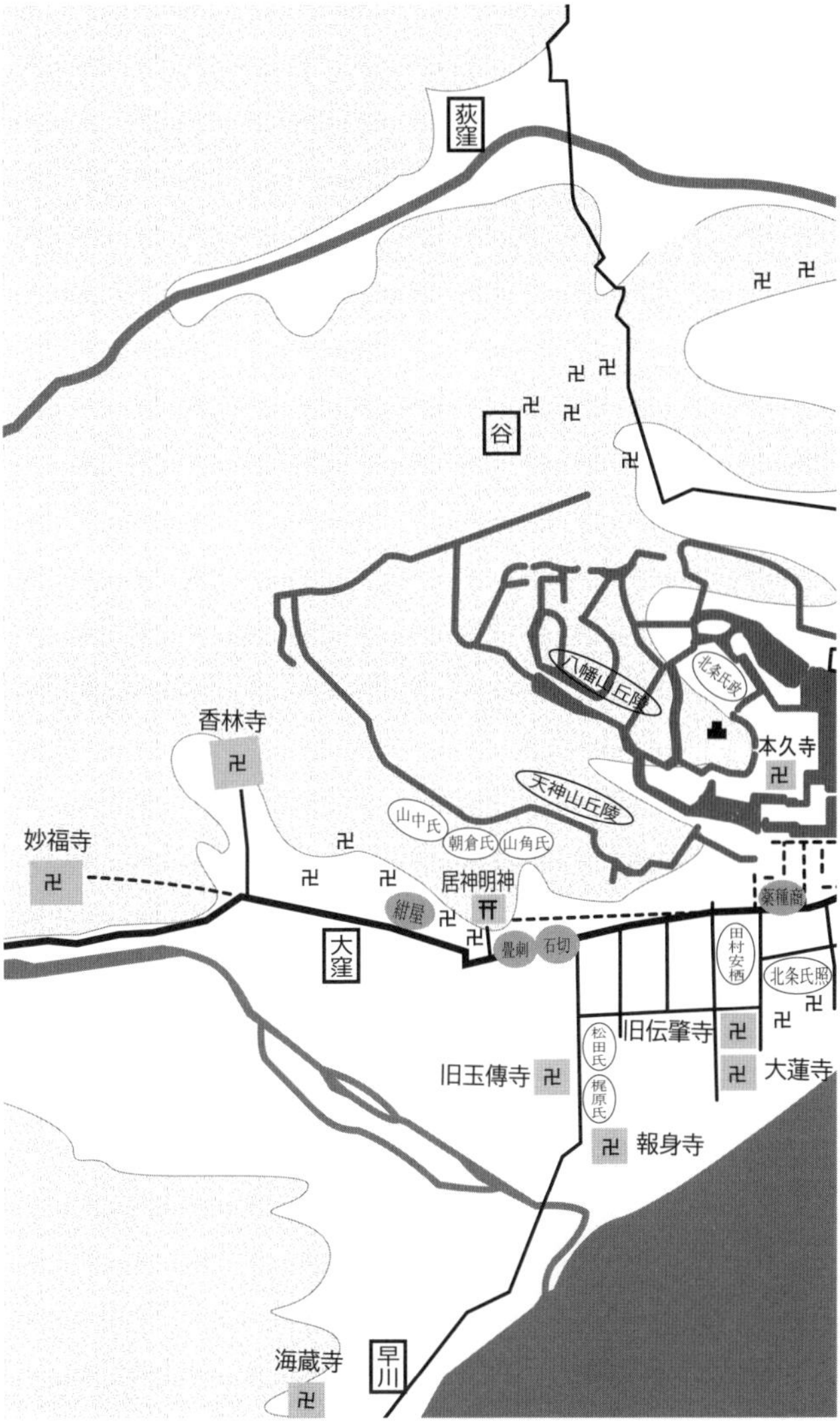

図52　戦国期の小田原復元模式図

な御用米曲輪《ごようまいくるわ》下層の個性的な遺構群の姿から確認することができる。

　氏政が独自性を発揮し始めた背景には、当時の情勢が大きく関わっていたと考えられる。氏綱の跡を継いだ三代氏康は、越後上杉謙信《うえすぎけんしん》、甲斐武田信玄《たけだしんげん》を相手に時に同盟を結び、時に敵対しながら領国を拡大した。しかし、明応《めいおう》の政変を経て武家社会・秩序の頂点にあった足利将軍家は凋落、室町幕府が衰退し、「規範意識」に依存したこれまでの「公」の正当性による領国経営では頭打ちの状態となっていたのである。

　そのような状況を受け、氏政はこれまでの旧体制に依存した領国経営から独自のアイデンティティーによる領国経営へと転換を図ったと考える。独特な庭園の作庭や新興勢力である織田信長《おだのぶなが》への接近もそのことを物語っていよう。そして、氏綱段階には積極的に京・上方などの先進地域の文物を入手し、そのステータス性を活かして領国支配を行っていたが、氏政は小田原で入手できるもの、小田原で生産したものに新たなステータス性を付加して用いていった。これは、早雲寺《そううんじ》創建事業や鶴岡八幡宮造営事業において動員された職能民の小田原居住がもたらした技術・文化により成立し得たものであることは、「二代氏綱による小田原整備」の章で確認した通りである。このような価値観の共有化が北条氏の力を強めたのである。

　北条氏において垣間見えた志向性とその変化、都市景観の推移は、概ね一六世紀前葉の戦国大名の自立・割拠の時代から、一六世紀後葉における統一政権との対立・従属へと至る過程として整理できる。すなわち、京都志向から独自性への転換として捉えられる。

発掘調査による調査成果とその分析による新たな解釈の創出は、文献史料で確認されていた戦国大名像を時に肯定し、時に覆す情報を含んでいる。日本史上の大きな歴史の流れは、北条氏の志向性にも変化を及ぼし、北条氏の居館整備・都市整備にも大きな影響を与えた。越前一乗谷《いちじょうだに》・豊後府内《ふない》の事例では、この変化はダイレクトには認識し難い部分があるが、北条氏が小田原において実施した、あるいはここで小田原において確認できた変化を援用すると、越前一乗谷・豊後府内にも一六世紀前半と後半での同様の画期を見い出すことができるのではなかろうか。

おそらく、同様のことは全国の戦国大名の本拠地においても確認できる事象であろう。他の大名家では、全体像を概観できる好例は少ないであろうが、小田原の事例を援用することで、断片的な把握に留まっていた戦国大名の実像およびその本拠地の姿をよりはっきりと浮き彫りにすることができる。

文献史学・考古学・歴史地理学という異なる視座から一つのことを確認することにより、個別分野だけでは見えなかった情報が明らかとなり、新たな戦国時代像を描き出すことができる。長い文献史学の研究実績があり、発掘調査の蓄積による多くの史・資料を有する小田原の事例、北条氏の事例を取りあげた意味がそこにあり、総合的な分析が全国的な戦国都市の景観や構造を明らかにする手掛かりとなる。

以上、北条氏が築城した小田原城、創生した都市小田原について見てきた。北条氏は本拠地である小田原を領国内における唯一無二の「首都」とすることで小田原の存在感を高めていった。それは、小田原城という城郭の構造だけでなく、文物の移入による文化レベル、規格的な城下都市空間など、通常の地域勢力には実施し得ないものを造り上げることにより成立させたものであった。これにより、周辺諸勢力は北条氏の力を痛感することとなり、対抗する気力も奪われていく。小田原という都市の姿は、まさに北条氏の力を具現化する表象装置だったのである。

「難攻不落」の正体

その一方で、北条氏は五代にわたり、領国を拡大していった。その背後にある領国拡大戦争・合戦については、あまり知られていないのではなかろうか。上杉謙信や武田信玄は、川中島《かわなかじま》の戦いで知られるような決戦を行っている。北条氏も、第一次国府台《こうのだい》合戦（一五三八年、対小弓公方足利氏・里見氏など）、川越《かわごえ》夜戦（一五四六年、山内上杉氏・扇谷上杉氏・古河公方足利氏）、第二次国府台合戦（一五六三年、対里見氏）、神流川《かんながわ》合戦（一五八二年、対滝川一益）などの合戦を行い、勝利しているのに彼らほど目立たないのはなぜであろうか。上杉謙信・武田信玄には小田原城際まで攻め込まれてもいるため、劣勢を感じる部分は否めないが、それでも北条氏が上杉氏・武田氏を向こうに回して領国を拡大できたのはなぜであろうか。

その答えは、華々しい合戦ではなく、北条氏が用いる虎朱印に刻まれた「禄壽応穏《ろくじゅおうおん》」に示された、「禄（財産）と壽（生命）を応《まさ》に穏《おだ》やかに」とする理念や（図53）、氏康が作成させた「小田原北条氏所領役帳《おだわらほうじょうししょりょうやくちょう》」による規則的・平等な領国統治のあり方にあるのではなかろうか。

図53　虎朱印印影

つまり、本書でテーマとした「難攻不落」と言われる小田原城の正体は、戦わずして勝つ北条氏の文化力・都市力に集約できよう。合戦に及ぶ前に戦う気力を失わせる。そのような価値観を共有化させることに成功したことが小田原の強さ、北条氏の力を高からしめた。それこそが小田原城が「難攻不落」であったことを示すものであったのであろう。

そして、それを具現化したのが都市小田原の景観であり、小田原城の姿であった。「京都らしい」都市の姿を具現化し、将軍・幕府を頂点とする武家秩序に彩られた都市の姿に、周辺諸勢力は「攻め難く落ちない」小田原城の強さを感じ、北条氏の力を感じたのである。

もちろん、大規模な堀や土塁による城郭遺構の存在は、間違いなく小田原城を「要害堅固」とする装置である。これらの遺構の存在は、攻め寄せる敵方に大きなダメージを与えたことであろう。しかし、物理的な攻め難さとは異なる「思い通りにならないこと」という意味での精神的な「難攻不落」のイメージを与えたのは、むしろ目には見えない力の方ではなかったか。

天下人、豊臣秀吉

しかし、豊臣秀吉の存在は別格であった。

秀吉による統一政権が持つ経済力は、戦国大名権力のそれとは異なる圧倒的なものであった。小田原合戦で直面した兵農分離・兵糧確保による長期戦は、これまでに北条氏が経験した戦いとは一線を画するものであったはずである。

結果、小田原城は秀吉に対しては「攻め難く落ちない」印象を抱かせることはできなかった。旧来の権力構造・志向性とは異なり、独自の価値観での統一政権樹立を目指す秀吉にとっては、北条氏が五代にわたって築き上げてきた理屈は通じなかったのである。

周辺諸勢力をなびかせた「公」の正当性を持つ小田原の姿も、秀吉の前では秀吉が否定する過去の遺物に過ぎなかった。そのような秀吉の考え方は、まさに戦国時代と中世社会の終焉、新たな近世社会の訪れを示すのに十分なものであり、北条氏の考え方とは相反するものであった。

秀吉が小田原城への力攻めを禁止したことも、決して「難攻不落」と感じたからだけではなかったのであろう。もちろん、小田原城が「要害堅固」ゆえの被害増加は危惧したであろうが、それは今まで小田原城が発揮していた「難攻不落」との要素とは異なるものであった。

むしろ、秀吉にとっては、御用米曲輪下層で確認された遺構群が見せる旧来の理屈とは異なる北条氏独自の感覚・志向性の方が脅威であったのではなかろうか。

秀吉は、独善的で自己肯定的な志向性の元、日本全国を同じ尺度で統一することを目指した（黒島二〇一八）。そんな秀吉にとっては、「禄壽応穏」により独自の理屈で領国を統治する北条氏の存在は邪魔であった。氏綱段階の旧来の秩序に則った領国支配体制を構築していた状況であったならば、北条氏は秀吉にとっては大きな障害ではなかったであろう。しかし、氏政以降、独自のアイデンティティーを創造し、それを具現化しつつあった北条氏は、秀吉にとっては許し難い存在であったのではなかろうか。

従来の歴史史料の解釈だけでは考え難いことかもしれないが、本書で見た北条氏の志向性や戦国大名としての心性、豊臣秀吉の心理に思いを馳せると、そのような解釈も成り立つように思われる。

もしかしたら、北条氏同様に秀吉に抵抗した毛利《もうり》氏・長宗我部《ちょうそかべ》氏・島津《しまづ》氏・伊達《だて》氏などの戦国大名がその後も存続したのに対し、北条氏のみが滅亡の憂き目を見ることになった（結果として氏直が早世したためとしても、関東の領国は全て没収された）本当の理由は、北条氏が独自の考え方を持っていたことにあったと考えるのは行き過ぎであろうか。

しかし、そのような目には見えない力にこそ、小田原城が「難攻不落」と称された理由があったと考えたい。

あとがき

年号が令和と改まった二〇一九年。この年は、小田原北条氏の祖、伊勢宗瑞の没後五〇〇年目となる年であった。当時、私が勤めていた小田原城天守閣（小田原市経済部小田原城総合管理事務所）では、それを記念して特別展『伊勢宗瑞の時代』を開催し、いくつかのイベントを実施した。そのうちのひとつが「伊勢宗瑞の伊豆進出」「伊勢宗瑞の小田原進出」と題した二部構成の講演会で、第一部となる「伊勢宗瑞の伊豆進出」を開催したのが一二月一日であった。会場はほぼ満席で、一般客に交じって各地から専門家も参加して下さり、講演会は大成功の内に幕を閉じた。

その会場で声を掛けてくださったのが吉川弘文館の永田伸氏であった。永田氏とは、前年度の「小田原開府五百年」事業および「北条早雲公没後五百年」事業を記念した『戦国大名北条氏の歴史—小田原開府五百年のあゆみ—』（小和田哲男監修、小田原城総合管理事務所編、吉川弘文館刊行、二〇一九年）の刊行に際してもご協力を頂いていた。そんな永田氏からご提案頂いたのが、「歴史文化ライブラリー」シリーズでの「小田原城」についての執筆であった。

小学生の頃、お城に興味を持ち、土日に史跡巡りをすることが好きになった。学校での自己紹介、趣味の欄には、「名所旧跡めぐり」と書き（父に教わった）、遠出ができない祖母のために写真を撮り、見せるのが楽しかった。土日には、当時住んでいた埼玉県内の史跡を見て回り、小学五年生の時には一人泊まりがけで東北地方に出かけたりもした。当時は何も考えなかったが、娘を持つ身となった今、小学生が一人で泊まりがけの旅に出ることを許した両親には脱帽である。

夏休みには、父の会社の保養施設があった東伊豆に家族で出かけたが、その途中では毎回小田原城に立ち寄っていた。そんな自分が、適任な諸先輩がいる中で、「歴史文化ライブラリー」シリーズで「小田原城」をテーマに執筆を依頼されるということは、青天の霹靂である。偶然にも同日、別件でも原稿執筆のご提案を頂いていたため、お受けするべきか迷ったが、小田原市役所に勤めて二〇年という節目の年でもあり、小田原城との宿縁も感じることから、編集部にはお引き受けする旨のお返事をした。

しかし、「小田原城」のことをとの依頼で執筆を始めたものの、書き進めるうちにすっきりしない部分が膨らんできた。本文中にも記した通り、戦国時代の小田原城については不明瞭な部分があまりに多い。そのような中で、発掘調査で確認された断片的な城郭遺構だけを評価し、戦国期の小田原城を語って良いのであろうか。そのような疑問を抱くようになったのである。

その時に頭をよぎったのが、日頃よりお世話になっている一乗谷朝倉氏遺跡博物館特別館長であられる小野正敏先生の言葉であった。小野先生は、よく「城郭だけを史跡にし、城郭だけを研究していても中世社会は見えてこない」と仰っている。共感するご指摘であり、小田原城についても城郭遺構だけでは語れない部分をクローズアップすることで、その姿に迫ることが重要なのではないかという思いを抱くようになった。

そんな思いで書き上げたのが本書である。

二〇〇六年の栃木県立博物館でのシンポジウム「東国の中世遺跡―遺跡と遺物の様相―」の帰路、小野先生とご一緒になり、JR赤羽駅で小野先生に自分の考えとやりたいことのお話をさせて頂く機会があった。その後、調査・研究プロジェクトに参加させて頂く機会を得、それから約二〇年。小野先生や国立歴史民俗博物館の村木二郎先生、慶應義塾大学の中島圭一先生にはたくさんの経験を積ませて頂き、多くの知識と出会いを与えて頂いた。普通の地方公務員であれば行くことのないような場所にもお連れ下さり、その経験は私にとって大きな財産であり、糧である。そして、陰に日向にお世話下さった浅野晴樹先生のご指導が、本書の礎となっていることは間違いない。記して感謝を申し上げる。

間もなく、小田原市に奉職して四半世紀となり、同時に知命の歳を迎える。ここで本書（同時に執筆し、刊行することとなった他社での一冊を含め）を為せたことは大きな財産である。またその一方で、私にとっての小田原城および城下、小田原北条氏についての研究も大きな画期を迎えたと思う。今後は、これまでに諸先輩方から受けた恩恵と知識、経験を活かし、新たな研究分野にチャレンジしていきたい。

気がつくと亡き父の年齢にも近づいてきたが、今の息子の姿は父にはどのように見えているのであろうか。考えると心やましく思うところもあるが、高校時代に三年間野球をやり通して背番号を貰ったことを褒めてくれた父である。思い出ある小田原城をテーマとする本書を上梓できたことも、少なからず喜んでくれるのではあるまいか。勝手ながらそのように思いたい。

本書執筆の機会を下さった吉川弘文館の永田伸氏には、多大なるご迷惑をおかけした。私自身の異動やコロナ禍による影響もあり、遅々として進まない執筆作業を辛抱強くお待ち頂き、小田原までお運び下さってアドバイスを下さった。また、木之内忍氏は編集の過程で身勝手な私のスケジュールに合わせて下さり、わがままな意見にも対応して頂いた。一冊の本を為すということに慣れていない自分が本書を形にすることができ、こうしてあとがきを書いていられるのは、お二人のお力添えのおかげである。末筆ながら感謝を申し上げる。

そして、「調査がある」「研究会に行く」「仕事だから」と言って、土日祝日はほぼ不在という中で、家庭を守ってくれた妻、父親不在でもグレずに可愛らしい女子高生になってくれた娘、そして悪い兄を持って苦労した妹、小さい頃から好きなことをやらせてくれた母と亡き父に感謝したい。

二〇二三年八月　うだるような炎暑の候に

佐々木健策

参考文献

浅倉直美「北条氏邦」黒田基樹・浅倉直美編『北条氏康の子供たち』宮帯出版社、二〇一五年
浅野晴樹「北条領国の城館と陶磁器」浅野晴樹・齋藤慎一編『中世東国の世界3　戦国大名北条氏』高志書院、二〇〇八年
浅野晴樹「北武蔵の城下町―主に鉢形城を中心に―」『戦国都市の風景―シンポジウム報告』東国中世考古学研究会、二〇二〇年
蘆田伊人校訂『新編相模国風土記稿』第2巻（大日本地誌大系20）雄山閣、一九七六年
網野善彦「中世都市論」家永三郎ほか編『岩波講座日本歴史7　中世3』岩波書店、一九七六年
飯田　稔「小机城」児玉幸多監修『日本城郭大系』第6巻、新人物往来社、一九八〇年
家永遵嗣「北条早雲研究の最前線　戦国大名北条早雲の生涯」小和田哲男監修・北条早雲史跡活用研究会編『奔る雲のごとく　今よみがえる北条早雲』北条早雲フォーラム実行委員会、二〇〇〇年
池　享『戦国大名と一揆』（日本中世の歴史6）吉川弘文館、二〇〇九年
石井　進「おしゃべりな文献史料と無口な考古学とのあいだ」『大航海』14、新書館、一九九七年
石塚三夫『史跡鉢形城跡　第1期保存整備事業発掘調査報告書』（史跡鉢形城跡調査報告第3集）寄居町教育委員会、二〇〇六年
五十川雄也「豊後府内、大友氏館の調査成果」『発掘調査成果でみる16世紀大名居館の諸相―シンポジ

ウム報告―』東国中世考古学研究会、二〇一六年
今谷　明『戦国大名と天皇―室町幕府の解体と王権の逆襲―』講談社、二〇〇一年
井上哲朗「南関東における城館跡出土陶磁器―その傾向と歴史的背景―」千葉城郭研究会編『城郭と中世の東国』二〇〇五年
岩崎宗純「戦国時代の小田原文化」『小田原市史　通史編　原始・古代・中世』小田原市、一九九八年
岩槻市教育委員会編『岩槻城と城下町』さいたま市立博物館、二〇〇五年
内田哲夫「近世城下町・宿場町としての小田原」『小田原城とその城下』小田原市教育委員会、一九九〇年
小笠原清「障子堀・堀障子および堀底特殊構造について　上」『おだわら―歴史と文化―』2、小田原市役所文化室編、一九八八年
小笠原清「障子堀・堀障子および堀底特殊構造について　下」『おだわら―歴史と文化―』3、小田原市役所文化室編、一九八九年
小川　信「諸国の中世都市府中の概観」『中世都市「府中」の展開』思文閣出版、二〇〇一年
落合義明『中世東国の「都市的な場」と武士』山川出版社、二〇〇五年
小野健吉『日本庭園―空間の美の歴史―』岩波書店、二〇〇九年
小野正敏「戦国期の館・屋敷の空間構造とその意識」『信濃』46―4、信濃史学会、一九九四年
小野正敏『戦国城下町の考古学―一乗谷からのメッセージ―』（講談社選書メチエ108）講談社、一九九七年

小野正敏「戦国大名と京都―小田原北条氏の権威演出―」『小田原市・八王子市・寄居町姉妹都市盟約記念シンポジウム　小田原北条氏の絆』小田原城総合管理事務所、二〇一八年
小野正敏「小田原と東国の戦国城下町」『シンポジウム　戦国都市小田原の風景』小田原城天守閣、二〇一八年
小野正敏「中世都市研究から見た大友氏遺跡」『歴史とつながる未来につなぐ　よみがえる大友館』（大友氏遺跡史跡指定20周年記念シンポジウム予稿集）大分市・大分市教育委員会、二〇二一年
小和田哲男「後北条氏築城技法の特色―いわゆる障子堀を中心に―」『郷土神奈川』19、神奈川県立文化資料館、一九八六年
葛飾区郷土と天文の博物館編『関東戦乱　戦国を駆け抜けた葛西城　平成19年度特別展』葛飾区郷土と天文の博物館、二〇〇七年
金子浩之『戦国争乱と巨大津波　北條早雲と明応津波』雄山閣、二〇一六年
黒島　敏『秀吉の武威、信長の武威―天下人はいかに服属を迫るのか―』平凡社、二〇一八年
黒田基樹「伊勢宗瑞の伊豆平定と小田原進出」『伊勢宗瑞の時代　シンポジウム資料』小田原城天守閣、二〇一九年
黒田基樹『戦国大名・伊勢宗瑞』KADOKAWA、二〇一九年
小島道裕「室町期の国人領主と館―江馬氏館他―」『戦国・織豊期の都市と地域』青史出版、二〇〇五年
小林健太郎「近世城下町のプランと方位」山田安彦編著『方位と風土』古今書院、一九九四年

齋藤慎一「南関東の都市と街道」浅野晴樹・齋藤慎一編『中世東国の世界2　南関東』高志書院、二〇〇四年
齋藤慎一『中世東国の道と城館』東京大学出版会、二〇一〇年
佐々木健策「小田原市内の陣場と出土遺物」『大久保陣場跡第Ⅰ地点』（小田原市文化財調査報告書116）小田原市教育委員会、二〇〇四年
佐々木健策「中世小田原の町割と景観」藤原良章編『中世のみちと橋』高志書院、二〇〇五年
佐々木健策「出土資料からみる後北条氏」『シンポジウム戦国時代のかわごえ』川越市立博物館、二〇〇七年
佐々木健策「城館遺跡出土の貿易陶磁―一六世紀の後北条領国を例に―」『貿易陶磁研究』№29、日本貿易陶磁研究会、二〇〇九年
佐々木健策「津久井城」相模原市教育委員会教育局生涯学習部博物館編『津久井町史　通史編　原始・古代・中世』相模原市、二〇一六年
佐々木健策『戦国・江戸時代を支えた石　小田原の石切と生産遺跡』新泉社、二〇一九年
佐々木健策『戦国期小田原の城と城下町―遺跡と景観にみる戦国大名―』山川出版社、二〇二三年
佐藤博信「大森氏の時代」『小田原市史　通史編　原始古代中世』小田原市、一九九八年
下中　清「稲葉正勝の小田原入封」『小田原市史　通史編　近世』小田原市、一九九九年
諏訪間順ほか『小田原城小峯御鐘ノ台大堀切』（小田原市文化財調査報告書60）小田原市教育委員会、一九九六年

田代道彌「「加藤図」『相州小田原古絵図』―小田原の城と城下を描く最古の絵図―」『小田原市史　別編城郭』小田原市、一九九五年
谷口雄太『〈武家の王〉足利氏―戦国大名と足利的秩序―』（歴史文化ライブラリー525）吉川弘文館、二〇二一年
長　直信「大友氏遺跡事業の経過」『大友氏遺跡20年の軌跡―地域と大友氏遺跡事業のあゆみ―』大分市・大分市教育委員会、二〇二二年
坪根伸也「府内のまちに「権力」を読む」鹿毛敏夫・坪根伸也編『戦国大名大友氏の館と権力』吉川弘文館、二〇一八年
鳥羽正雄『日本城郭辞典』東京堂出版、一九九五年
鳥居和郎「毛利家伝来の小田原合戦関係絵図について―山口県文書館所蔵「毛利文庫」史料より―」『おだわら―歴史と文化―』小田原市、一九九〇年
中井淳史『中世かわらけ物語―もっとも身近な日用品の考古学―』（歴史文化ライブラリー540）吉川弘文館、二〇二二年
中野敬次郎「小田原城の歴史」『小田原城とその周辺』日本城郭協会、一九六一年
中野敬次郎『小田原近代百年史』形成社、一九六八年
永原慶二「戦国都市小田原」『小田原市史　通史編　原始　古代　中世』小田原市、一九九八年
仁木　宏「古代・中世日本都市論の理論と方法」仁木宏編『都市　前近代都市論の射程』青木書店、二〇〇二年

仁木　宏「室町・戦国時代の社会構造と守護所・城下町」内堀信雄ほか編『守護所と戦国城下町』高志書院、二〇〇六年
服部実喜「戦国都市小田原と北条領国の土師質土器」『中近世土器の基礎研究XIV』日本中世土器研究会、一九九九年
平井　聖ほか『千葉・神奈川』（日本城郭大系6）新人物往来社、一九八〇年
福島克彦「惣構の展開と御土居」仁木宏編『都市　前近代都市論の射程』青木書店、二〇〇二年
福田千鶴「徳川の平和と城破り」藤木久志・伊藤正義編『城破りの考古学』吉川弘文館、二〇〇一年
北條ゆうこ「小田原城のカワラケ」『江戸在地系カワラケの成立』（江戸遺跡研究会第25回大会）江戸遺跡研究会、二〇一二年）
村上　直「番城と阿部正次の入封」『小田原市史　通史編　近世』小田原市、一九九九年
森　幸夫「後北条氏と京下りの医家」『小田原市郷土文化館研究報告』№33、小田原市郷土文化館、一九九七年
森　幸夫「医師牧庵と後北条氏」『戦国史研究』38、戦国史研究会、一九九八年
森　幸夫「戦国期の小田原城―北条氏歴代当主はどこにいたのか―」『小田原市郷土文化館研究報告』№45、小田原市郷土文化館、二〇〇九年
八巻孝夫「後北条氏領国内の馬出」『中世城郭研究』4、中世城郭研究会、一九九〇年

著者紹介

一九七四年、埼玉県に生まれる
一九九六年、國學院大學文学部史学科卒業
現在、小田原市文化部文化財課副課長、慶應義塾大学・國學院大學非常勤講師

〔主要著書等〕

「別編　津久井城」（『津久井町史　通史編』、相模原市、二〇一六年）
『戦国・江戸時代を支えた石　小田原の石切と生産遺跡』（新泉社、二〇一九年）
『戦国期小田原の城と城下町　遺跡と景観にみる戦国大名』（山川出版社、二〇二三年）

歴史文化ライブラリー
584

戦国期小田原城の正体
「難攻不落」と呼ばれる理由

二〇二四年（令和六）一月一日　第一刷発行

著　者　佐《さ》々《さ》木《き》健《けん》策《さく》
発行者　吉川道郎
発行所　株式会社　吉川弘文館
東京都文京区本郷七丁目二番八号
郵便番号一一三―〇〇三三
電話〇三―三八一三―九一五一〈代表〉
振替口座〇〇一〇〇―五―二四四
https://www.yoshikawa-k.co.jp/
印刷＝株式会社　平文社
製本＝ナショナル製本協同組合
装幀＝清水良洋・宮崎萌美

ISBN978-4-642-05984-8

歴史文化ライブラリー

1996.10

刊行のことば

現今の日本および国際社会は、さまざまな面で大変動の時代を迎えておりますが、近づきつつある二十一世紀は人類史の到達点として、物質的な繁栄のみならず文化や自然・社会環境を謳歌できる平和な社会でなければなりません。しかしながら高度成長・技術革新にともなう急激な変貌は「自己本位な刹那主義」の風潮を生みだし、先人が築いてきた歴史や文化に学ぶ余裕もなく、いまだ明るい人類の将来が展望できていないようにも見えます。このような状況を踏まえ、よりよい二十一世紀社会を築くために、人類誕生から現在に至る「人類の遺産・教訓」としてのあらゆる分野の歴史と文化を「歴史文化ライブラリー」として刊行することといたしました。

小社は、安政四年(一八五七)の創業以来、一貫して歴史学を中心とした専門出版社として書籍を刊行しつづけてまいりました。その経験を生かし、学問成果にもとづいた本叢書を刊行し社会的要請に応えて行きたいと考えております。

現代は、マスメディアが発達した高度情報化社会といわれますが、私どもはあくまでも活字を主体とした出版こそ、ものの本質を考える基礎と信じ、本叢書をとおして社会に訴えてまいりたいと思います。これから生まれでる一冊一冊が、それぞれの読者を知的冒険の旅へと誘い、希望に満ちた人類の未来を構築する糧となれば幸いです。

吉川弘文館

歴史文化ライブラリー

中世史

列島を翔ける平安武士 九州・京都・東国——野口 実
源氏と坂東武士——野口 実
敗者たちの中世争乱 年号から読み解く——関 幸彦
戦死者たちの源平合戦 生への執着、死者への祈り——田辺 旬
平氏が語る源平争乱——永井 晋
熊谷直実 中世武士の生き方——高橋 修
中世武士 畠山重忠 秩父平氏の嫡流——清水 亮
頼朝と街道 鎌倉政権の東国支配——木村茂光
もう一つの平泉 奥州藤原氏第二の都市・比爪——羽柴直人
源頼家とその時代 二代目鎌倉殿と宿老たち——藤本頼人
六波羅探題 京を治めた北条一門——森 幸夫
大道 鎌倉時代の幹線道路——岡 陽一郎
仏都鎌倉の一五〇年——今井雅晴
鎌倉北条氏の興亡——奥富敬之
鎌倉幕府はなぜ滅びたのか——永井 晋
武田一族の中世——西川広平
三浦一族の中世——高橋秀樹
伊達一族の中世 「独眼龍」以前——伊藤喜良
弓矢と刀剣 中世合戦の実像——近藤好和
その後の東国武士団 源平合戦以後——関 幸彦
荒ぶるスサノヲ、七変化 〈中世神話〉の世界——斎藤英喜
曽我物語の史実と虚構——坂井孝一
鎌倉浄土教の先駆者 法然——中井真孝
親 鸞——平松令三
親鸞と歎異抄——今井雅晴
畜生・餓鬼・地獄の中世仏教史 因果応報と悪道——生駒哲郎
神や仏に出会う時 中世びとの信仰と絆——大喜直彦
神仏と中世人 宗教をめぐるホンネとタテマエ——衣川 仁
神風の武士像 蒙古合戦の真実——関 幸彦
鎌倉幕府の滅亡——細川重男
足利尊氏と直義 京の夢、鎌倉の夢——峰岸純夫
高 師直 室町新秩序の創造者——亀田俊和
新田一族の中世 「武家の棟梁」への道——田中大喜
皇位継承の中世史 血統をめぐる政治と内乱——佐伯智広
地獄を二度も見た天皇 光厳院——飯倉晴武
南朝の真実 忠臣という幻想——亀田俊和
信濃国の南北朝内乱 悪党と八〇年のカオス——櫻井 彦
中世の巨大地震——矢田俊文
大飢饉、室町社会を襲う!——清水克行

歴史文化ライブラリー

中世の富と権力 寄進する人びと——湯浅治久
中世は核家族だったのか 民衆の暮らしと生き方——西谷正浩
出雲の中世 地域と国家のはざま——佐伯徳哉
中世武士の城——齋藤慎一
戦国の城の一生 つくる・壊す・蘇る——竹井英文
九州戦国城郭史 大名・国衆たちの築城記——岡寺 良
戦国期小田原城の正体 「難攻不落」と呼ばれる理由——佐々木健策
徳川家康と武田氏 信玄・勝頼との十四年戦争——本多隆成
戦国大名毛利家の英才教育 元就・隆元・輝元と妻たち——五條小枝子
戦国大名の兵粮事情——久保健一郎
戦国時代の足利将軍——山田康弘
足利将軍と御三家 吉良・石橋・渋川氏——谷口雄太
〈武家の王〉足利氏 戦国大名と足利的秩序——谷口雄太
室町将軍の御台所 日野康子・重子・富子——田端泰子
名前と権力の中世史 室町将軍の朝廷戦略——水野智之
摂関家の中世 藤原道長から豊臣秀吉まで——樋口健太郎
戦国貴族の生き残り戦略——岡野友彦
鉄砲と戦国合戦——宇田川武久
検証 長篠合戦——平山 優
織田信長と戦国の村 天下統一のための近江支配——深谷幸治
検証 本能寺の変——谷口克広
明智光秀の生涯——諏訪勝則
加藤清正 朝鮮侵略の実像——北島万次
落日の豊臣政権 秀吉の憂鬱、不穏な京都——河内将芳
豊臣秀頼——福田千鶴
天下人たちの文化戦略 科学の眼でみる桃山文化——北野信彦
イエズス会がみた「日本国王」 天皇・将軍・信長・秀吉——松本和也
海賊たちの中世——金谷匡人
アジアのなかの戦国大名 西国の群雄と経営戦略——鹿毛敏夫
琉球王国と戦国大名 島津侵入までの半世紀——黒嶋 敏
天下統一とシルバーラッシュ 銀と戦国の流通革命——本多博之

近世史

慶長遣欧使節 伊達政宗が夢見た国際外交——佐々木 徹
徳川忠長 兄家光の苦悩、将軍家の悲劇——小池 進
女と男の大奥 大奥法度を読み解く——福田千鶴
大奥を創った女たち——福田千鶴
江戸のキャリアウーマン 奥女中の仕事・出世・老後——柳谷慶子
江戸に向かう公家たち みやこと幕府の仲介者——田中暁龍
細川忠利 ポスト戦国世代の国づくり——稲葉継陽
家老の忠義 大名細川家存続の秘訣——林 千寿

歴史文化ライブラリー

文化史・誌